首都圏版㊳ 使いやすい！教えやすい！家庭学習に最適の問題集！

横浜国立大学教育学部附属横浜小学校

JN126431

2021年度版 過去問題集

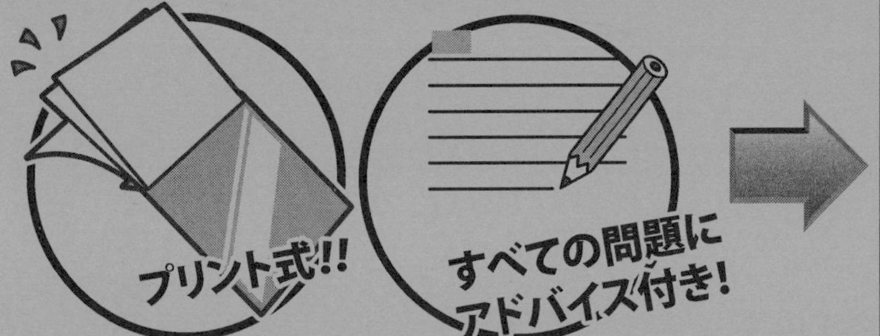

<問題集の効果的な使い方>

①お子さまの学習を始める前に、まずは保護者の方が「入試問題」の傾向や、どの程度難しいか把握します。もちろん、すべての「学習のポイント」にも目を通してください

②各分野の学習を先に行い、基礎学力を養いましょう！

③「力が付いてきたら」と思ったら「過去問題」にチャレンジ！

④お子さまの得意・苦手がわかったら、その分野の学習をすすめ、全体的なレベルアップを図りましょう！

合格のための問題集

横浜国立大学教育学部附属横浜小学校

お話の記憶	お話の記憶 初級編・中級編
常識	Ｊｒ・ウォッチャー 27「理科」、55「理科②」
常識	Ｊｒ・ウォッチャー 34「季節」
数量	Ｊｒ・ウォッチャー 42「一対多の対応」
図形	Ｊｒ・ウォッチャー 46「回転図形」

全40問

昨年度実施の過去問題 ＋ それ以前の特徴的な問題 を収録!!

日本学習図書 ニチガク

こんなこと…ありませんか？

「ニチガクの問題集…買ったはいいけど、、、
この問題の教え方がわからない（汗）」

メールでお悩み解決します！

- ☆ ホームページ内の専用フォームで必要事項を入力！
- ☆ 教え方に困っているニチガクの問題を教えてください！
- ☆ 確認終了後、具体的な指導方法をメールでご返信！
- ☆ 全国どこでも！ スマホでも！ ぜひご活用ください！

<質問回答例>

学習のポイント

推理分野の学習では、後の学習に活きる思考力を養うことができます。ご家庭で指導する場合にも、テクニックにたよらず、保護者の方が先に基本的な考え方を理解した上で、お子さまによく考えさせることを大切にして指導してください。

Q.「お子さまによく考えさせることを大切にして指導してください」と学習のポイントにありますが、考える習慣をつけさせるためには、具体的にどのようにしたらいいですか？

A. お子さまが考える時間を持てるように、質問の仕方と、タイミングに工夫をしてみてください。
たとえば、「答えはあっているけど、どうやってその答えを見つけたの」「答えは○○なんだけど、どうしてだと思う？」という感じです。はじめのうちは、「必ず 30 秒考えてから手を動かす」などのルールを決める方法もおすすめです。

まずは、ホームページへアクセスしてください!!

http://www.nichigaku.jp　日本学習図書　検索

目指せ！合格！

家庭学習ガイド
横浜国立大学教育学部附属横浜小学校

ペーパー　絵画　口頭試問　行動観察　運動

入試情報

応募者数：非公表
出題形式：ペーパー、ノンペーパー
面　　接：志願者（集団）
出題領域：ペーパー（記憶、常識、数量、図形 など）、行動観察、
　　　　　口頭試問、折り紙・ぬり絵

入試対策

当校の入試は１次考査でペーパーテストと個別面接が行われます。ペーパーテストには特に難しい問題はなく、基礎的な学力を充分に整えておくことで対応できるでしょう。このタイプの入試は平均が高くなり、ケアレスミスが合否を分けることになります。まれに料理の材料などを聞く、お子さまには難しい常識問題が出題されることがありますが、こうした問題は一部のお子さまにしかできないので、差がつくことはありません。なお、出題の多くは、モニターを使って行われます。問題冊子に描かれたイラストで取り組む場合と比べ、違和感を感じるかもしれません。お子さまにはあらかじめ伝えておきましょう。２次考査で出題される行動観察ではグループによるゲームが行われますが、協調性が観点です。無理に目立とうとしないほうが無難でしょう。

●ペーパーテストの出題分野・構成はここ数年変わらず、充分な対策を取った志願者も多く、平均点が上がる傾向があります。常識分野の問題が頻出していますから、この分野での取りこぼしがないように対策しておきましょう。

必要とされる力　ベスト６

チャートで早わかり！

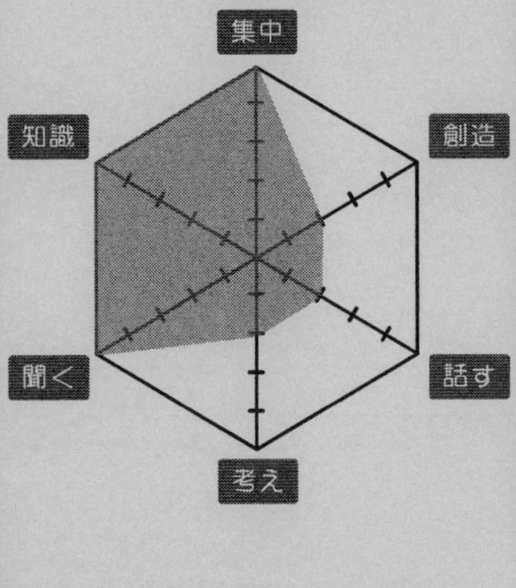

特に求められた力を集計し、左図にまとめました。
下図は各アイコンの説明です。

	アイコンの説明
集中	集　中　力…他のことに惑わされず１つのことに注意を向けて取り組む力
観察	観　察　力…２つのものの違いや詳細な部分に気付く力
聞く	聞　く　力…複雑な指示や長いお話を理解する力
考え	考える力…「～だから～だ」という思考ができる力
話す	話　す　力…自分の意志を伝え、人の意図を理解する力
語彙	語　彙　力…年齢相応の言葉を知っている力
創造	創　造　力…表現する力
公衆	公衆道徳…公衆場面におけるマナー、生活知識
知識	知　　　識…動植物、季節、一般常識の知識
協調	協　調　性…集団行動の中で、積極的かつ他人を思いやって行動する力

※各「力」の詳しい学習方法などは、ホームページに掲載してありますのでご覧ください。http://www.nichigaku.jp

「横浜国立大学教育学部附属横浜小学校」について

〈合格へのアドバイス〉

当校は、「考える・表現する」ことに主眼をおき、児童が意欲的に取り組む教育を継続している学校です。また、ほかの国立大学附属小学校と同様に、教育実習や研究授業が多く行われているため、当校ではそのような環境にしっかりと適応できる児童を求めているようです。

2018年度の募集より、通学区域の変更と、募集人数が男女それぞれ300名を超えた場合、事前抽選を行なうことが発表されました。2018年度からの入試では、実際に男子の抽選が行われています。

入学選考は、1次、2次選考で考査、3次選考で抽選が行われました。1次選考では、**ペーパーテスト**と**個別面接**が行われ、通過者が2次選考へと進みました。2次選考では**行動観察**、**待機活動**が実施されました。運動テストは、2018年度以降の試験ではおこなわれていません。

ペーパーテストでは、**図形**、**常識**、**記憶**などの分野から出題され、内容の大きな変化はありませんでした。内容は標準的なものですが、対策なしで臨めるほど基礎的なものではありません。お話の記憶ではある程度の「慣れ」、常識分野では動植物の生態や季節の行事に対する知識が必要です。過去問を中心に、出題例のある問題の類題を数多く解いて起きましょう。

行動観察では、協調性が観点です。さまざまな課題がありますが、当校では入学後に問題を起こさないと思える志願者を選ぶという目的意識がどの課題にもよく表れています。また、面接の待機中には「在校生が読む紙芝居を聞く」「在校生が出題するなぞなぞに答える」といった時間があります。これらも観察の対象となっていますので気を抜かないようにしてください。

入学試験の時期は気温の変化が大きく、体調を崩しやすいので、健康管理には充分配慮し、万全の体調で試験に臨んでください。

〈2020年度選考〉

〈第1次〉

●ペーパーテスト（集団）
　※筆記用具は鉛筆を使用
　　出題方法：ビデオ

●個別面接

〈第2次〉

●行動観察（集団）

〈本書掲載分以外の過去問題〉

◆制作：無作為に選ばれたお友だちといっしょに限られた材料で制作を行う。［2011年度］
◆言語：なぞなぞに答える。［2008年度］
◆巧緻性：ぬり絵をする。［2008年度］
◆数量：物の数を比べて、多い方の絵に多い数だけ○を書く。［2012年度］
◆図形：2つに折ってある紙を切った後開くと、どのような形になるか。［2012年度］
◆記憶：動物たちのお話を聞いて、後の質問に答える。［2012年度］

(得) 先輩ママたちの声！

◆実際に受験をされた方からのアドバイスです。
ぜひ参考にしてください。

横浜国立大学教育学部附属横浜小学校

・学校説明会では、学校案内なども販売されているので必ず出席した方がよいでしょう。学校の雰囲気なども知ることができます。

・口頭試問では、どうやって来たかの質問があります。当日の登校経路、バス停、駅名をしっかり覚えさせ、子どもと事前に同じ時間帯で通学してみました。

・受験者数が多いため、ふだんと違った環境に子どもが緊張してしまいました。それなりの準備をしておけばよかったと思いました。

・子どもの服にゼッケンを縫い付けるのですが、その日の気温に応じて着脱できるように、カーディガンなどの上着と、シャツなどの下着の両方に付けておきました。

・女子の服装は、動きやすい服装でいいように感じました。保護者も私立小学校受験者のような格好をしている方が半分いましたが、学校がチェックしている様子はなかったので、暖かい格好をして体調管理をした方がよいと思います。

・保護者控室では、座席に受験番号が書かれ、指定された椅子にすわりました。待ち時間が長いのですが、見られても構わないような姿勢を、くずさないようにしました。

・保護者控室では、身動きが取れずにつらかったです。荷物はかなり少なめにし、飲み物や本などを持参された方がよいと思います。携帯電話の使用は禁止ですので注意してください。また、防寒具を持参されるとよいと思います。

・保護者の方はパイプ椅子１つ分のスペースで待つことになります。待機時間が３時間以上と長い上に、待機場所が寒いため、膝にかけるブランケットを用意した方がよいでしょう。保護者の方も、待機中は本を読むなどして静かに過ごしていました。

横浜国立大学教育学部附属
横浜小学校
過去問題集

〈はじめに〉

現在、少子化が叫ばれているにもかかわらず、私立・国立小学校の入学試験には一定の応募者があります。入試は、ただやみくもに学習するだけでは成果を得ることはできません。志望校の過去における出題傾向を研究・把握した上で、練習を進めていくこと、その上で試験までに志願者の不得意分野を克服していくことが必須条件です。そこで、本問題集は小学校を受験される方々に、志望校の出題傾向をより詳しく知って頂くために、過去に遡り出題頻度の高い問題を結集いたしました。最新のデータを含む精選された過去問題集で実力をお付けください。

また、志望校の選択には弊社発行の「**2021年度版　首都圏・東日本　国立・私立小学校　進学のてびき**」をぜひ参考になさってください。

〈本書のご使用方法〉

◆出題者は出題前に一度問題を通読し、出題内容などを把握した上で、**〈準備〉**の欄に表記してあるものを用意してから始めてください。

◆お子さまに絵の頁を渡し、出題者が問題文を読む形式で出題してください。問題を読んだ後で、絵の頁を渡す問題もありますのでご注意ください。

◆**「分野」**は、問題の分野を表しています。弊社の問題集の分野に対応していますので、復習の際の目安にお役立てください。

◆問題番号右端のアイコンは、各問題に必要な力を表しています。詳しくは、アドバイス頁（ピンク色の１枚目下部）をご覧ください。

◆一部の描画や工作、常識等の問題については、解答が省略されているものがあります。お子さまの答えが成り立つか、出題者が各自でご判断ください。

◆**〈時間〉**につきましては、目安とお考えください。

◆解答右端の［**○年度**］は、問題の出題年度です。［**2020年度**］は、「2019年の秋から冬にかけて行われた20年度入学志望者向けの考査で出題された問題」という意味です。

◆**学習のポイント**は、指導の際にご参考にしてください。

◆**【おすすめ問題集】**は各問題の基礎力養成や実力アップにご使用ください。

〈本書ご使用にあたっての注意点〉

◆文中に**この問題の絵は縦に使用してください。**と記載してある問題の絵は縦にしてお使いください。

◆**〈準備〉**の欄で、クレヨンと表記してある場合は12色程度のものを、画用紙と表記してある場合は白い画用紙をご用意ください。

◆文中に**この問題の絵はありません。**と記載してある問題には絵の頁がありませんので、ご注意ください。なお、問題の絵の右上にある番号が連番でなくても、中央下の頁番号が連番の場合は落丁ではありません。

下記一覧表の●が付いている問題は絵がありません。

問題１	問題２	問題３	問題４	問題５	問題６	問題７	問題８	問題９	問題10
								●	
問題11	問題12	問題13	問題14	問題15	問題16	問題17	問題18	問題19	問題20
問題21	問題22	問題23	問題24	問題25	問題26	問題27	問題28	問題29	問題30
		●					●		
問題31	問題32	問題33	問題34	問題35	問題36	問題37	問題38	問題39	問題40

◎学習効果を上げるため、前掲の「家庭学習ガイド」及び「合格のためのアドバイス」をお読みになり、各校が実施する入試の出題傾向を、よく把握した上で問題に取り組んでください。
※冒頭の「本書のご使用方法」「ご使用にあたっての注意点」も併せてご覧ください。

2020年度の最新問題

問題1　分野：記憶（お話の記憶）

集中　聞く

〈準　備〉　鉛筆

〈問　題〉　お話を聞いて後の質問に答えてください。
冷蔵庫の野菜室で野菜たちが話し合っています。ジャガイモが「僕は何の料理になるんだろう」とタマネギに聞きました。タマネギは「僕たちがいっしょにいるんだから、カレーとかシチューじゃないか」とニンジンに言いました。ニンジンは「そうかもしれないね」と笑いながら言いました。すると「じゃあ、私たちの出番はまだね」とその話を聞いてたナスが横から口を出しました。ナスはニンジンの隣にいるのです。「僕も関係がないな」と野菜室の上にある棚で聞いていたスイカが大きな声で言いました。「僕はもともと料理にはあまり使われないけどね」その声で野菜室の隅で寝ているダイコンが目を覚まして、「どうしたの」とナスに聞きました。「あんたは関係ないから寝てなさい」とナスに言われ、また眠り始めました。しばらくするとまず、ジャガイモがお母さんの手で冷蔵庫の外に出されました。皮をむかれて茹でられているようです。次にニンジンとタマネギが冷蔵庫の外に運び出されました。ジャアジャアと音がするので炒められているようです。しばらくするとカレーのよい匂いがしてきました。「予想通りカレーね」とナスが言いました。「やっぱり僕は関係なかったな」とスイカは言いました。しばらくして急に冷蔵庫のドアが開き、ナスが冷蔵庫の外へ出されました。ナスは自分もカレーの材料になるのかと思いましたが、小麦粉を付けられ、熱い油の中に入れられました。どうやら違う料理になるようです。

①１番上の段を見てください。お話に出てこなかった野菜はどれですか。○をつけてください。
②上から２番目の段を見てください。カレーにならなかった野菜はどれですか。○をつけてください。
③下から２番目の段を見てください。まだ冷蔵庫にいる野菜はどれですか○をつけてください。
④１番下の段を見てください。今日作った料理はどれですか。○をつけてください。

〈時　間〉　各30秒

〈解　答〉　①左から２番目（ピーマン）　②左端（ナス）　③右端（ダイコン）
④左端（カレーライス）、右から２番目（ナスのてんぷら）

［2020年度出題］

学習のポイント

ややファンタジー色が強いですが、お話の長さ、質問内容、いずれも「小学校受験の標準レベル」の問題です。当校やほかの私立小学校入試に臨もうというお子さまなら、正解して当然と言えるでしょう。当校のお話の記憶の質問はお話のストーリーに沿ったものが多く、答えやすいということもありますが、平均点は高くなりがちです。ケアレスミスをしないように、しっかりと情報を整理しながら聞き、正確に答える必要があるでしょう。とは言え、「登場人物は～と～」「～は～した」といった「事実」を整理しながら聞くということは、読み聞かせを習慣にしないと身に付かないことです。記憶力そのものを鍛えるというよりは、お話を聞くにことに慣れ、効率よく記憶できるようになる、そんなイメージでお話の記憶の学習をいきましょう。

【おすすめ問題集】

【おすすめ問題集】

1話5分の読み聞かせお話集①②、お話の記憶 初級編・中級編・上級編、
Ｊｒ・ウォッチャー19「お話の記憶」、34「季節」

問題2　分野：図形（回転図形）

考え　観察

〈準備〉　鉛筆

〈問題〉　**この問題の絵は縦に使用してください。**
見本の形を矢印の方向に１回コトンと倒したらどの形になりますか。
右の４つの中から選んで○をつけてください。

〈時間〉　各20秒

〈解答〉　①左から２番目　②右端　③右から２番目　④左端　⑤左端

［2020年度出題］

学習のポイント

回転図形の問題です。なるべくなら答案用紙（問題の絵）を実際に回さないで答えられるようにしておきましょう。この問題には答えられますが、図形が少し複雑になるとお手上げになります。図形を頭の中で動かしてと言うと難しく聞こえますが、実際にはそれほど難しいものではありません。この問題で言えば「コトンと倒す」という表現は四角形なら90度傾けるのと同じですから、問題のイラストを90度回転させれば、正解がそこにあるということになります。しかし、それを逐一行っていたのではほとんどの問題が時間切れになるので、頭の中で図形を操作できるようになっておいた方がよい、ということです。もちろん、導入段階や応用問題を理解する時に必要なら、実際に手で図形を動かしても構いません。何回か行えば、図形が回転するとどのようになるか想像がつくようになります。

【おすすめ問題集】

Ｊｒ・ウォッチャー46「回転図形」

問題3　分野：常識（理科・季節）

知識　公衆

〈準 備〉　鉛筆、童謡「ゾウさん（歌詞なし）」が録音された音源、音源再生機器

〈問 題〉　①１番上の段を見てください。左の四角の草はどのタネから育ったものでしょうか。右の四角から選んで○をつけてください。
②上から２番目の段を見てください。左の四角のものはいつ飾られるものでしょうか。右の四角から同じ季節の絵を選んで○をつけてください。
③下から２番目の段を見てください。お正月に飾られるのはどれですか。選んで○をつけてください。
④１番下の段を見てください。（童謡「ゾウさん（歌詞なし）」を再生して）この中で今の曲に関係のあるものを選んで、○を付けてください。

〈時 間〉　各15秒

〈解 答〉　①右から２番目　②右端（サクラ）　③左端（鏡餅）
④右から２番目（ゾウ）

［2020年度出題］

学習のポイント

常識の問題で必要な知識は多岐に渡りますから、生活での機会を逃さず、お子さまに「知識」を身に付けさせるように意識してください。当校入試頻出の常識問題は、さまざまな切り口で多方面の知識を問うものです。小学校入試の常識問題はあくまで「年齢相応の常識・知識」を聞くものですが、当校では動植物に関する理科的常識を中心に、季節、童話童謡、食べ物に関する知識まで聞きます。ヤマを張るのではなく、日常生活で経験することをできるだけ知識として身に付けることを心がけましょう。理科的常識については日頃からお子さまの好奇心に応えること、季節の行事については体験することで自然と知識になるはずです。ライフスタイルの変化で行事そのものが行われない場合や、地域に行事がなかったり、独特の形で行われていることがあると思います。その場合は映像や本を使って疑似体験させてあげましょう。

【おすすめ問題集】
Ｊｒ・ウォッチャー27「理科」、30「生活習慣」、34「季節」、55「理科②」

問題4　分野：言語（しりとり）

語彙　知識

〈準 備〉　鉛筆

〈問 題〉　この問題の絵は縦に使用してください。
上の絵の太線の四角から右端までしりとりでつなぎます。下の絵のうち、使うものを探して○をつけましょう。

〈時 間〉　２分

〈解 答〉　①マツボックリ、リンゴ、ネコ
②メダカ、スイカ、カラス

［2020年度出題］

学習のポイント

しりとりに限らず言語に関する問題は、当校入試において頻出しています。この分野の問題を解くには、まず言葉を年齢相応に、なおかつ正しく知っておく必要があります。語彙は、日常生活での身近な人とのコミュニケーションや、絵本の読み聞かせなどから得られるものです。お子さまの成長に合わせて、どんどん新しい言葉を教えましょう。また、言葉を教える時には、家庭独特の言い回しではなく、一般的な表現を用いるように心掛けてください。最近はしりとりを含めて、言葉の音（おん）に関する出題が多くなっているので、標準的な表現を教えていないと問題に答え　られないといったケースもあります。なお、お子さまがどの程度言葉を習得したかは、しりとりのほか、「同じ音ではじまる言葉を探す」「３音の言葉を探す」などの言葉あそびによって、ある程度、測ることができます。外出先でも手軽にできる遊びですので、保護者の方から積極的に行ってください。

【おすすめ問題集】

Ｊｒ・ウォッチャー17「言葉の音遊び」、49「しりとり」、
60「言葉の音（おん）」

問題５　分野：数量（計数）

考え　観察

〈準備〉　鉛筆

〈問題〉　**この問題の絵は縦に使用してください。**
それぞれの段の絵をよく見てください。どの段にも２種類の絵が描いてありますね。これらを１つずつ組み合わせると、１人分になります。例えばシャツ１枚とズボン１枚、傘１本と長靴１足のように組み合わせます。では、１人分にした時、あまるものを探して○をつけてください。

〈時間〉　各15秒

〈解答〉　①ズボン：１　②傘：２　③箸：３

［2020年度出題］

学習のポイント

各々の数を数えて多い方に○をつけるやり方、指でおさえたり線で結んだりして、印をつけながら着実に解く方法など、解き方はさまざまありますが、それらはすべてハウツーであり、小学校進学後の学習につながるものではありません。ここでは、ひと目で２つの集合の多少がわかったり、10以下の数であれば、指折り数えることなくいくつのものがあるかがわかる、といった数に対する感覚を身に付けることを目指してください。この感覚を持っていないと、入学してからの学習で苦労をすることになります。なお、ここでは靴は左右合わせて１足と数える、箸は２本で１膳と数えるなど、言葉に関する知識も必要となります。こういった知識は日常生活から得る知識ですから、そういった機会があれば、お子さまが「そういう数え方をするのか」と気付くように言葉をかけましょう。

【おすすめ問題集】

Ｊｒ・ウォッチャー14「数える」、37「選んで数える」

問題６　分野：行動観察

聞く　協調

〈準備〉　※風船（直径30ｃｍ程度、適宜）、新聞紙を棒のように丸めたもの（適宜）、鈴（適宜）、円形の布（直径１ｍ程度）、ビニールプール、カゴ
※問題６のイラストを参照して上記のものを配置しておく。
※この問題は６人のグループで行う。

〈問題〉　この問題の絵は絵を参考にしてください。
これから風船を使って２つゲームをします。説明をよく聞いてください。
「風船で鈴をならす」
①布の端を５人で持ち、１人が風船を布の真ん中に置いていてください。
②天井から吊るしてある鈴に、みんなで布を上下に動かして風船を当て、鈴を鳴らしてください（風船に触っていいのは布を持っていない人だけです）。
③５つの風船をすべて鳴らしたら終了です。
「風船運びゲーム」
①風船を２人１組で新聞紙の棒を使って運んでください。手は使わないでください。
②カゴの中にある風船をすべてビニールプールの中に入れたら終了です。

〈時間〉　適宜

〈解答〉　省略

［2020年度出題］

学習のポイント

①はパラバルーンという遊具（布）を使った課題です。グループでの行動観察は協調性が観点ですが、息を合わせて行なわないとうまく遊べない遊具を使っているのはそのためでしょう。もっとも、難しいことは考える必要はありません。布に載せられた風船の動きを見ながら、自分がどのように手を動かせばいいかを考えつつ、タイミングを合わせて手を動かすだけでよいのです。ほかの志願者に指示ができるようならなおよいでしょうが、声が出なくても、表情や動作に他人を思いやる気持ちが表れていれば、悪い評価は受けないでしょう。当校の行動観察は指示の理解と実行、協調性が観点ですから、全員の意見をまとめる、あるいは行動を指示するといったリーダーシップを発揮する必要はありません。無理に目立とうなどとせず、ふだんどおりの行動を試験でも行いましょう。

【おすすめ問題集】
Ｊｒ・ウォッチャー29「行動観察」、30「生活習慣」

問題7　分野：制作（折り紙）

知識　公衆

〈準備〉　折り紙3～4枚、模造紙

折り紙、色鉛筆、塗り絵、セロハンテープ
予め、海・山・空の景色が描かれた問題7の絵を壁に貼っておく。

〈問題〉　海、山、空に関係するものを折り紙で折ってください。できたら、手を挙げて上級生のお兄さん（お姉さん）にお願いして、壁に貼ってある絵に貼ってもらってください。海、山、空に関係するものが折れなかったら、自分の好きなものを折っていいですよ。

〈時間〉　適宜

〈解答〉　省略

［2020年度出題］

学習のポイント

折り紙の課題では、作業がていねいにできるかどうかが観られています。できたものはともかく、「ていねいに」作業する姿勢を見せましょう。また、例年の課題なので、折るものが決められずに困ることがないように、海・山・空のそれぞれに、2つずつ作るものを決めて試験前に決めておきましょう。慌てずにすみます。もちろん、このような簡単な作業ではあっても、指示通りに作業を進められているかどうかは、本問の観点の1つです。折り紙が完成したあとに、手を上げて上級生にお願いするという指示があります。物怖じしても仕方ありませんので、淡々と行いましょう。入試を手伝うだけあって、やさしく面倒見のよい児童が手伝ってくれます。

【おすすめ問題集】
　Ｊｒ・ウォッチャー29「行動観察」、実践ゆびさきトレーニング①②③
　新 口頭試問・個別テスト問題集

家庭学習のコツ①　「先輩ママのアドバイス」を読みましょう！

本書冒頭の「先輩ママのアドバイス」には、実際に試験を経験された方の貴重なお話が掲載されています。対策学習への取り組み方だけでなく、試験場の雰囲気や会場での過ごし方、お子さまの健康管理、家庭学習の方法など、さまざまなことがらについてのアドバイスもあります。先輩ママの体験談、アドバイスに学び、ステップアップを図りましょう！

問題８　分野：行動観察

聞く

〈準 備〉　塗り絵（問題８の絵以外に、数種類）、色鉛筆（12色程度）、紙芝居

〈問 題〉　この問題は絵を参考にしてください。
①自分の好きな絵を選んで色鉛筆できれいに色をぬってください。
②在校生のお兄さんたちが紙芝居を読んでくれます。静かに観ましょう。

〈時 間〉　適宜

〈解 答〉　省略

［2020年度出題］

学習のポイント

色鉛筆できれいに色を塗ります。この「きれいに」という指示が１つのポイントです。ただ塗ればよいというわけではありませんから、はみ出さずに、ムラなく塗ることが求められます。コツは、まず絵の縁（フチ）を濃くなぞり、それから線を重ねるように内側を薄く塗ってみましょう。経験を積めば上手になりますから、塗り絵や工作遊びなどを積極的に行ってください。塗り絵が終わった後、紙芝居を見ます。この時、「静かに観る」という指示が出されていることにも気を付けてください。紙芝居の内容はその時によって違いますが、子どもにとって楽しいお話であることは例年共通しています。つい、気分が盛り上がって声を出してしまうこともあるかもしれません。どんなに楽しいお話でも、「静かに見る」というお約束を守れることが望ましいです。お友だちと一緒に行動する時は、相手がいることを意識できるように、ふだんの生活でも気を配ってみるとよいでしょう。なお、この課題は、折り紙と同様に、面接の待ち時間に行われたものです。

【おすすめ問題集】
Ｊｒ・ウォッチャー23「切る・貼る・塗る」、29「行動観察」、
実践ゆびさきトレーニング①②③、新 口頭試問・個別テスト問題集

家庭学習のコツ②　「家庭学習ガイド」はママの味方！

問題演習を始める前に、試験の概要をまとめた「家庭学習ガイド（本書カラーページに掲載）」を読みましょう。「家庭学習ガイド」には、応募者数や試験課目の詳細のほか、学習を進める上で重要な情報が掲載されています。それらの情報で入試の傾向をつかみ、学習の方針を立ててから、対策学習を始めてください。

問題9　分野：口頭試問

聞く　話す

〈準 備〉　なし

〈問 題〉　この問題の絵はありません。

・お名前を教えてください。
・今日はここまでどのようにして来ましたか。
・あなたの好きな季節を教えてください。それはなぜですか。
・お父さんがお休みの日、家族のみんなはどのように過ごしていますか。
・いつも一緒に遊ぶお友だちの名前を教えてください。
・小学生になったら、楽しみなことは何ですか。それはなぜですか。

〈時 間〉　適宜

〈解 答〉　省略

［2020年度出題］

学習のポイント

口頭試問は、１人ずつ呼ばれて質問される形です。緊張しないようにしてください。内容としてはごく短く、簡単なものでしょう。注意したいのは、答えた後に「どうして好きですか」「どんな気持ちでしたか」など、答えをさらに掘り下げる質問があることです。決められた答えを用意するのではなく、自分の考えや理由を言えるようにしておきましょう。また、口頭試問の中では、日頃の態度がはっきりと表れるものです。どんなに簡単な質問でも答える時は「（相手の目を見ながら）～です」「～しました」「わかりません」と、ていねいな言葉遣いやはっきりとした受け答えをすることを心がけてください。参考として、過去の入試では以下のような質問がありました。「お母さんと一緒に行って、１番楽しかったところはどこですか」「休みの日はお母さんと、何をして遊びますか」「あなたの好きな遊びを教えてください」「あなたは大きくなったら何になりたいですか」「今まで１番楽しかったことは何ですか」

【おすすめ問題集】

新口頭試問・個別テスト問題集、面接テスト問題集

家庭学習のコツ③　効果的な学習方法～問題集を通読する

過去問題集を始めるにあたり、いきなり問題に取り組んではいませんか？　それでは本書を有効活用しているとは言えません。まず、保護者の方が、すべてを一通り読み、当校の傾向、ポイント、問題のアドバイスを頭に入れてください。そうすることにより、保護者の方の指導力がアップします。また、日常生活のさまざまなことから、保護者の方自身が「作問」することができるようになっていきます。

2019年度以前の過去問題

問題10　分野：記憶（お話の記憶）

集中　聞く

〈準　備〉　鉛筆

〈問　題〉　お話を聞いて後の質問に答えてください。

夏のある日、クマくんとウサギさんは、山へ虫取りに行きました。２人は帽子をかぶり、クマくんは虫かごを、ウサギさんは虫取り網を持っています。山へ行く途中の道で、タヌキさんに出会いました。タヌキさんは親切に「セミがいっぱい鳴いてたよ」と２人に教えてくれました。山へ着くと、タヌキさんが言う通りセミの鳴き声がします。ウサギさんがその鳴き声がする方へ静かに近寄っていきました。クマくんは、その後ろをそろそろとついていきます。ウサギさんがセミの止まっている木を見つけ、虫取り網を取り出しているとその後ろで「うわあ」とクマくんが大声を出しました。セミは驚いて飛んでいってしまったようです。「クマくん、そんな大声を出したからセミが逃げちゃったじゃないか」とウサギさんは怒りました。「ごめんごめん。水たまりに足が入って転びそうになったんだよ」とクマくんはウサギさんに謝りました。その後、虫を探して歩いていると、山に住んでいるキツネのおじいさんに出会いました。「山の向こうの小川に行ってごらん。ホタルという夜になると光る虫がたくさんいるんだよ」とおじいさんは教えてくれました。ウサギさんが先頭に立ってどんどん小川の方へ進んでいきます。クマくんは少し遅れてなんとかウサギさんについていこうと必死です。しばらくするとだんだん暗くなってきました。クマくんはウサギさんに追いついて、「暗くなってきたから危ないよ。もう帰ろうよ」と言いました。ウサギさんは「ホタルは見たくないの？　もうちょっとだからがんばろうよ」と答えました。それから少し歩くと小川が見えてきました。「あっ。川だよ」と言ってウサギさんはうれしそうに走り出しましたが、足元が見えなかったのでしょう。草に足を取られて派手に転んでしまいました。「痛い。痛い」どうやらウサギさんは足を捻ってしまったようです。「大丈夫かい？」とクマくんが聞くと、ウサギさんは「痛い痛い」と泣いていました。「お家に帰って、湿布を貼らなくちゃね」とクマくんはウサギさんを背負って家への道を歩きはじめました。しばらく歩くと、日もとっぷりと暮れ、夜になりました。ウサギさんはだんだん元気になり、「もう歩けるよ」とクマくんに言い、ゆっくり歩き出しました。「あ～あ、ホタルが見たかったな」とウサギさんが残念そうに言うその帽子に、１匹のホタルが止まっていて、光っていました。

①１番上の段を見てください。虫を捕りに行ったのはどの動物たちですか。〇をつけてください。
②上から２番目の段を見てください。ホタルが止まっていたのはどこですか。〇をつけてください。
③下から２番目の段を見てください。お話でウサギはどのように表情を変えましたか。〇をつけてください。
④１番下の段を見てください。お話の季節と同じ絵を選んで〇をつけてください。

〈時　間〉　各30秒

〈解　答〉　①右端　②右から２番目（帽子）　③左　④右端（ヒマワリ）

［2019年度出題］

学習のポイント

当校のお話の記憶で題材にされるお話の多くは動物が登場人物ですが、５・６歳のお子さまが経験するようなできごとが描かれていることが多いので、聞く方も共感しやすいのではないでしょうか。あまり突飛な展開や登場人物の行動がない点も、すんなりと話に入れる要素となっています。それだけに当校のお話の記憶の問題は、ほかの志願者もほぼ間違えないと考えた方がよいでしょう。ケアレスミスがないように慎重に解答する必要があります。また、登場人物の気持ちを推察する問題や、ストーリーとは直接関係ない分野の質問（季節や理科的常識など）を聞くといった、応用力が必要な問題も出題されますが、それほど知識が必要なものではありません。「登場人物は～の～人で」「～は～した」といった「事実」を整理しながら聞けば、それほど苦労しないはずです。まずは短いお話をたくさん聞き、「事実」を正確に記憶することから始めてみましょう。

【おすすめ問題集】

１話５分の読み聞かせお話集①②、お話の記憶 初級編・中級編・上級編、
Ｊｒ・ウォッチャー19「お話の記憶」、34「季節」

問題11　分野：言語（しりとり）

知識　語彙

〈準 備〉　鉛筆

〈問 題〉　「セミ」からスタートして、しりとりをした時、絵の中で使わないのはどれですか。その絵を○で囲んでください。

〈時 間〉　30秒

〈解 答〉　ネコ

【しりとり】
セミ→ミカヅキ→キツネ→ネジ→ジシャク→クジャク→クリ→リス

［2019年度出題］

学習のポイント

語彙の豊富さは小学校に入学してからもさまざまな面で役立ちます。言葉を教える際は、ご家庭特有の言い回しや方言はできるだけ避け、標準的な言い方で教えるようにしましょう。採点はともかく、入学すれば標準的な言い方を学ぶからです。なお、本問でも出題された「みかづき」ですが、「月」を「満月」「半月」「三日月」など表現するというのは幼児には難しいのではないかと思えますが、読み聞かせに出てくるような表現はその限りではないようです。他校入試での出題例があるので、知識として持っておいたほうが無難でしょう。ほかにもお話を読み聞かせている時にわからない言葉があったら、その映像やイラストを見て言葉とイメージを結び付けるようにしてください。語彙を豊かにする、特に何かの名称を覚えるための効率のよい方法の１つです。

【おすすめ問題集】

Ｊｒ・ウォッチャー17「言葉の音遊び」、18「いろいろな言葉」、
49「しりとり」、60「言葉の音（おん）」

問題12　分野：お話の記憶

考え　観察

〈準備〉　鉛筆

〈問題〉　お話をよく聞いて後の質問に答えてください。

　ウサミさんは、真っ白なとてもかわいいウサギです。ウサミさんにはお兄さんがいます。お兄さんの顔には、黒い模様が入っています。

ある日、お母さんが「ウサミさん、お兄さん。２人でお使いに行ってきてちょうだい。八百屋さんでタマネギとニンジンを、魚屋さんで小さな魚を買ってきて欲しいの」と言いました。ウサミさんは、「保育園で使うエンピツも買っていい」と聞くと、お母さんは「いいわよ。それも買っていらっしゃい」と答えました。お母さんからお財布を受け取って、２人は「それじゃあ行ってくるね」といって、元気にでかけました。

　２人ははじめに、八百屋へ行きました。「タマネギをくださいな」とウサミさんが元気よく言うと、八百屋のタヌキさんは「はい、お待たせ。お使いごくろうさま」といってウサミさんの頭をなでてくれました。

次に２人は、魚屋さんへ向かいました。途中の公園の前を通った時、ウサミさんは「お兄さん、ちょっと遊んでにいこうよ」と言いました。お兄さんが「少しだけならいいよ」といったので、ウサミさんはすべり台で遊びました。ブランコにも乗りたかったのですが、がまんしました。

　魚屋さんで小さなお魚を買い、お金を払おうとした時、ウサミさんはお財布がないことに気が付きました。「お兄さん、どこかでお財布を落としちゃった。一緒に探して」とウサミさんが言うと、お兄さんは困った顔をしながら、「公園に落としたかもしれないね。戻って探してみよう」と言いました。魚屋のキツネさんも「お魚は取っておくから、気を付けて探しておいで」と言ってくれました。２人は公園へ戻り、お財布を探し始めました。あたりを見回していると、ゾウさんが「何か探しているのかい」と声をかけてきました。「お財布を落としてしまったの。どこかで見ませんでしたか」というと、「そういえば、滑り台のところに何か落ちていたな。もしかしたら、それかな」と答えてくれました。急いで滑り台のあたりを見てみると、ウサミさんのお財布が落ちていました。「あった。よかった。ゾウさんありがとう」とウサミさんはお礼を言いました。お兄さんもホッとした顔をしていました。魚屋さんへ戻り、取っておいてもらったお魚を買うと、今度は文房具屋へ急ぎました。文房具屋に着いた時には日が暮れてきていたので、文房具屋のキリンさんは、お店を閉めるところでした。「まって、鉛筆が欲しいの」ウサミさんがお願いすると、「安心しなさい、気に入った鉛筆が見つかるまでは待っていてあげるよ」とキリンさんは言ってくれました。ウサミさんは青い鉛筆を買いました。「キリンさんどうもありがとう」ウサミさんはお礼を言ってから、お家に帰りました。

　お家の前では、お母さんが、帰りの遅い２人を心配して待っていました。辺りは暗くなり、月も出ています。ウサミさんは途中であったことを正直に話し、「遅くなってごめんなさい」と謝りました。お母さんは優しい顔でほほ笑んで、お使いの袋を受け取りました。「あれ、１つ足りないわね」とお母さんが言うと、「あっ、ほんとだ。慌ててたから忘れちゃったんだね」とお兄ちゃんも言いました。ウサミさんも「今度お使いに行くときは、忘れずに全部買ってくるね」と、恥ずかしそうに言いました。

①ウサミさんが買い忘れたものはどれですか。選んで○をつけてください。

②お使いの途中で、ウサミさんとお兄さんが出会わなかったのは誰ですか。選んで○をつけてください。

③お財布をおとした時、お兄さんはどんな顔をしていましたか。選んで○をつけてください。

④お話の順番通りに絵を並べます。２番目の絵に○を、４番目の絵に△をつけてください。

〈時間〉　各20秒

〈解答〉　①右端（ニンジン）　②右から２番目（ヒツジ）　③左端

④○：左端　△：右端

［2018年度出題］

学習のポイント

当校のお話の記憶の問題では、少し長めの文章が読まれます。登場人物やできごとに関する質問に加え、お話の順序や登場人物の表情、季節に関する質問が多く出題されています。お話を最後まで聞き取ること、お話の流れをつかむこと、登場人物の気持ちを理解することの３点を理解することが、この問題に正しく答えるために必要なことでしょう。問題に答える上で、複数のポイントがある場合は、いきなり入試問題そのものには取り組まずに、課題を細かく分けて練習を繰り返すことがおすすめです。例えば、聞き取りの練習では、正しい姿勢で最後まで聞くことを大切にして、少しずつお話を長くしていきます。お話の流れを覚える練習、気持ちに答える練習をする時には、その点に関わる質問を繰り返します。まわり道のように見えますが、お子さまの苦手なポイントがわかる確実な方法ですから、１度試してみてください。

【おすすめ問題集】

【おすすめ問題集】

１話５分の読み聞かせお話集①②、お話の記憶 初級編・中級編・上級編、
Ｊｒ・ウォッチャー19「お話の記憶」

問題13　分野：図形（展開）

考え　観察

〈準 備〉 鉛筆

〈問 題〉 左端の２つに折ってある折り紙の白いところを切り取って開くと、どのような形に
なりますか。右の四角の中から選んで○をつけてください。

〈時 間〉 各15秒

〈解 答〉 ①左端　②右端　③右から２番目　④左から２番目

［2018年度出題］

学習のポイント

展開の問題では、紙を開いた時の形と、紙を開く前の形の関係を理解することが必要です。例えば①の場合、左のお手本の形を２枚用意して並べます。次に左側の紙を反転させてから、２枚をピッタリ合わせると星の形ができて、紙を開いた時の形と一致します。この関係がつかめると、以降の問題は比較的簡単に解けるようになります。そのためには、経験を通した理解をすることが効果的です。先ほどの①ならば、展開したときにどのような形になるかを絵に描き、次に実際に紙を開いて星の形になったとき、予想通りの形になった（あるいはならなかった）経験が理解につながっていきます。もし難しいようでしたら、まずは、紙を開く前と開いた後の形を観察することから、少しずつ取り組んでみましょう。

【おすすめ問題集】

Ｊｒ・ウォッチャー５「回転・展開」

問題14　分野：常識（鳴き声）

聞く　知識

〈準 備〉　鉛筆、「セミ、コオロギ、ウマ、ウグイスの鳴き声」が録音された音源、音源再生装置

〈問 題〉　これからさまざまな生きものの鳴き声を聞いてもらいます。よく聞いて、鳴いている生きものの絵を選びます。正しのものの絵に、○をつけてください。
（①セミ、②コオロギ、③ウマ、④ウグイスの順に、各10秒程度再生する）

〈時 間〉　各20秒

〈解 答〉　①左から２番目　②右から２番目　③右端　④左端

［2018年度出題］

学習のポイント

生きものの鳴き声を聞き分ける、常識分野の問題です。実際の試験では、モニターから音声が流されていました。生きものの鳴き声や乗りもののサイレン音など身の回りの音は、実体験と映像の両方から耳に入ってきます。しかし、その音をそのまま覚えたり、聞き分けたりすることは難しいことです。知識として覚える場合には、写真やイラストと実際の音を、擬音語による説明を使ってつなげていきます。その際には、実際の音のように擬音語を使うことがポイントになります。例えば、ゾウの鳴き声は「パオーン」だと説明したら、実際の音声を聞いてみて、その雰囲気がでるように「パオーン」と言わせてみます。常識分野の学習では、知識と実物の溝を埋める工夫次第で、定着度に差がつきます。さまざまな工夫を通して、より効果的な学習方法を探してみましょう。

【おすすめ問題集】
Ｊｒ・ウォッチャー27「理科」、55「理科②」

問題15　分野：常識（仲間分け）

考え　知識

〈準 備〉　鉛筆

〈問 題〉　絵の中で、同じ仲間でないものはどれですか。選んで○をつけてください。

〈時 間〉　20秒

〈解答例〉　①左から２番目（ほかは文房具）②右から２番目（ほかは台所で使うもの）
③右から２番目（ほかは昆虫）　④右端（ほかは夏のもの）

［2018年度出題］

家庭学習のコツ④　効果的な学習方法～お子さまの今の実力を知る

１年分の問題を解き終えた後、「家庭学習ガイド」に掲載されているレーダーチャートを参考に、目標への到達度をはかってみましょう。また、あわせてお子さまの得意・不得意の見きわめも行ってください。苦手な分野の対策にあたっては、お子さまに無理をさせず、理解度に合わせて学習するとよいでしょう。

学習のポイント

さまざまなものを仲間分けする問題です。分け方は１種類ではありませんので、保護者の方が納得できるものであれば、正解にしてください。常識分野の問題では、さまざまなものに対する知識を、多く持っていることが前提となります。本問の場合では、それぞれのものが使われる場所、昆虫の特徴、季節などです。覚える項目は多岐に渡りますが、すべてを覚えようとすることは大変です。ものの名称を覚える時には、もう一つ知識を付け加えて覚えられるようにすると良いでしょう。また、覚えた知識は、言葉に出すことでさらに定着します。「虫の仲間をたくさん言う」「トンボについて知っていることをたくさん言う」などのように、テーマを決めて言葉にしてみることも効果的です。知識分野の勉強では、「覚える」「整理する」「言葉にする」の３点を意識することが大切です。

【おすすめ問題集】

Ｊｒ・ウォッチャー11「いろいろな仲間」、27「理科」、34「季節」、
55「理科②」

問題16　分野：常識（昆虫の卵）

知識　観察

〈準備〉　鉛筆

〈問題〉　上の段の絵は、どの生きものの卵ですか。選んで○をつけてください。

〈時間〉　20秒

〈解答〉　右下（カエル）

［2018年度出題］

学習のポイント

卵を見て、成長後の姿を選ぶ問題です。生きものの中には、鳥や虫、カメなどのように、卵から生まれ、成長していくものがあります。また、カエルのように、成長の途中で姿が大きく変わったり、生活場所が変わるものもいます。知識定着のための学習の１つとして、映像や写真を利用して、卵から次第に成長していく様子を学ぶ機会を作ってください。実際の試験では、卵の写真がモニターに映し出されました。この場合、卵の後ろにある背景も、問題を考えるヒントになるかもしれません。映像や写真で学ぶときには、対象となるものを見ることとともに、周りのものや景色なども印象に残るように、「カマキリの卵って、枝に付いているんだ」のようにちょっとした言葉をかけながら、保護者の方も一緒に見ていくと良いでしょう。

【おすすめ問題集】

Ｊｒ・ウォッチャー27「理科」、55「理科②」

問題17　分野：数量（1対多の対応）

考え　観察

〈準 備〉　鉛筆

〈問 題〉　①ハンカチとティッシュがいくつかあります。それぞれを組み合わせた時、余るのはどちらですか。余る方を選んで、右端の絵に○をつけてください。
②コマとひもがいくつかあります。それぞれを組み合わせた時、余るのはどちらですか。余る方を選んで、右端の絵に○をつけてください。

〈時 間〉　20秒

〈解 答〉　①ティッシュ　②コマ

[2018年度出題]

学習のポイント

1対1・1対多の対応の問題は、この数年間で何度も繰り返し出題されている頻出の分野です。本問では2種類のものを1つのセットとしてとらえる力と、基本的な計数の力が主な観点となっています。本問のような頻出の問題は、確実に得点するために、あらかじめ練習をしておく必要があります。10程度の数を正確にかぞえる練習や、2種類のものを1つにまとめる練習は、早い段階から始めておくと良いでしょう。慣れるまでは正確さ重視でていねいに進めてください。慣れてきたら、数える・まとめる・正しく答える動作を素早く組み合わせて答えることを意識した練習へとステップアップしてください。余談ですが、本問のコマのように、試験問題のイラストに描かれるおもちゃは、昔ながらのデザインのものが描かれることが多いようです。コマに限らず、日常生活では見かけなくなったデザインのものが登場することが多いということも、常識分野の知識として覚えておくと良いでしょう。

【おすすめ問題集】

Ｊｒ・ウォッチャー14「数える」、37「選んで数える」

問題18　分野：記憶（お話の記憶）

集中　聞く

〈準備〉　鉛筆

〈問題〉　お話をよく聞いて後の質問に答えてください。

ある日、トラくんとネコさんとタヌキくんは、街の中を探検することにしました。トラくんはお昼に食べるバナナを、ネコさんはばんそうこうを、タヌキくんは虫めがねを持って、探検に出発しました。しばらく歩いていると、大きなマンションがありました。トラくんはマンションを見上げながら、「うわあ、凄い高いなあ！」と、言いました。すると、トラくんは石につまづいて転んでしまいました。「いたい！」転んだ拍子に、トラくんはヒザをすりむいたようです。ネコさんとタヌキさんが駆け寄ってきて、「トラくん、大丈夫？」と心配して声をかけてくれました。ネコさんは持ってきたばんそうこうをヒザに貼ってくれました。「うん、ありがとう、2人とも」トラくんは2人にお礼を言いました。

次に、3人は川に着きました。橋を探すと、遠くにコンクリートの橋があったので、そこまで回り道をすることになりました。その途中、タヌキくんが、「丸太の橋があったよ！」と言いました。見ると、川に丸太の橋がかかっています。でも、ぐらぐら揺れていてとても危なそうです。「タヌキくん、あぶないよ」とトラくんは言いました。でも、タヌキくんは、「こっちの方が近道だよ！」と言って、丸太の橋に飛び乗ってしまいました。すると、丸太の橋がぐらぐら揺れ始めました。「あわ、あわわ」と、タヌキくんは大慌て、今にも川に転げ落ちそうです。トラくんとネコさんは、急いで丸太の橋をおさえました。タヌキくんはふらふらしながら、トラくんたちの側に戻ってきました。「タヌキくん、大丈夫だった？」「怖かった。ごめん、トラくん、ネコさん」タヌキくんは泣いていました。

また3人で一緒に歩いて、コンクリートの橋を渡ると、公園に着きました。ちょうどお昼だったので、3人はトラくんの持ってきたバナナを食べました。バナナを食べていると、ネコさんが小さな黒い虫を見つけました。タヌキくんの持ってきた虫めがねで見てみると、羽が無く、足が6本ある虫でした。ネコさんが「何の虫か知ってる？」と、聞きましたが、トラくんもタヌキくんも知りませんでした。そうしていると、虫がどこかへ行ってしまったので、3人は公園で遊ぶことにしました。はじめにブランコに乗って、次に砂場でお城を作って、最後に滑り台で遊びました。遊んでいると日が暮れてきたので、3人はお家に帰ることにしました。「今日は楽しかったね！」「また探検しよう！」「またねー！」3人は、最初に集まった交差点でお互いに手を振って、家に帰りました。

①ネコさんが探検に持っていったものを選んで、○をつけてください。
②丸太の橋を渡っている時、タヌキくんはどんな顔をしていたと思いますか。選んで○をつけてください。
③公園で見つけた虫はどれだと思いますか。選んで○をつけてください。
④3人が公園で遊ばなかったものを選んで、○をつけてください。

〈時間〉　各30秒

〈解答〉　①右端（ばんそうこう）　②真ん中　③右端（アリ）
④左端（ジャングルジム）

［2017年度出題］

学習のポイント

お話の記憶の問題は、当校では毎年出題される問題です。当校のお話の記憶は、お話に登場するものの名前だけでなく、登場人物がどんな気持ちだったか想像する問題が出るのが特徴です。こうした問題に答えるには、場面ごとの情景を思い浮かべることが有効です。お話の中で、動物たちはさまざまな場所を探検します。その場所がどんな場所なのか、例えばマンションはどれぐらいの高さなのか、川はどれぐらい幅があったのかなど、想像しながらお話を聞くと、そこで何をしたのか、登場人物がどんな気持ちになったのか、覚えやすくなります。こうしたお話の聞き方を身に付ける方法として、日頃の読み聞かせの中で積極的に質問を投げかけていく、という方法があります。お話に関する事柄について聞かれると、お子さまは答えるためにお話を思い出そうとします。それがお話の情景を思い浮かべる良い練習になるのです。

【おすすめ問題集】

【おすすめ問題集】

1話5分の読み聞かせお話集①②、お話の記憶 初級編・中級編・上級編、
Ｊｒ・ウォッチャー19「お話の記憶」、34「季節」

問題19　分野：数量（1対多の対応）

考え　観察

〈準 備〉　鉛筆

〈問 題〉　絵に描かれたフライパンとそのフタを１個ずつ組み合わせた時、どれがいくつ余るでしょうか。余るものに○をつけてください。

〈時 間〉　20秒

〈解 答〉　フタ：○３個

［2017年度出題］

学習のポイント

２つ以上のものを組み合わせて、余ったものの数を答える問題は、当校では頻出の問題です。この問題はフライパン１つに対して１つのフタを組み合わせれば良いので、それぞれを○で囲めば解くことができます。問題に慣れるまでは、このように組み合わせを視覚化すると、お子さまが対応関係を理解しやすくなります。「２つのものに対して別のもの１つを組み合わせる」、「３種類のものを１つずつ組み合わせる」といった問題に対しても同様に、対応するまとまりを○で囲む練習をしてください。しかし、実際の試験の場では、○で囲むことはおすすめできません。それぞれの組み合わせを、○で囲まなくてもつかめることを目標に、練習を繰り返してください。

【おすすめ問題集】

Ｊｒ・ウォッチャー14「数える」、37「選んで数える」、42「一対多の対応」

問題20　分野：図形（パズル）

観察　考え

〈準 備〉　鉛筆

〈問 題〉　左端の絵を見てください。これらの形をすべて組み合わせた時、できない絵を右側の中から選んで○をつけてください。

〈時 間〉　各20秒

〈解 答〉　①左から２番目　②右端　③右から２番目　④左端

［2017年度出題］

学習のポイント

この問題では、頭の中で絵を動かして、それぞれの絵と同じ形ができるかどうか想像する力が求められます。解答時間が短いので、素早く答えを見つけなくてはいけません。焦って一度にすべての形を見比べるのではなく、１つの形に注目して観察し、終わったら別の形に注目する方が、結果的に早く正確に答えを見つけることができます。こうした力を身に付けるためには、パズルや間違い探しなど、絵を操作したり見比べたりする練習が有効です。パズルや間違い探しなどは、学習として背筋を伸ばして取り組むよりも、遊びとしてリラックスして取り組んだ方が良いでしょう。「お勉強」の後の遊びとして取り組むようにすれば、お子さまのモチベーションも上がるでしょう。

【おすすめ問題集】

Ｊｒ・ウォッチャー３「パズル」、４「同図形探し」

問題21　分野：常識（複合）

知識

〈準 備〉　鉛筆

〈問 題〉　それぞれの段の絵の中に、仲間はずれのものがあります。それを選んで○をつけてください。

〈時 間〉　30秒

〈解答例〉　①右から２番目（キク、ほかは春に咲く花）
②左から２番目（エンピツ、ほかは台所で使うもの）
③左端（手袋、ほかは掃除に使うもの）

［2017年度出題］

学習のポイント

身の回りにあるものはさまざまな仲間に分けることができます。小学校受験で問われる仲間分けのテーマとして、「どの季節のものか」「どんな場面で使うものか」「どこにある、または住んでいるものか」「どのような特徴をもっているか」などがあります。もちろん、仲間分けの方法はたくさんありますから、ここで挙げた解答例以外の答えを言うこともあるでしょう。その場合、お子さまにどういう理由でその仲間分けをしたのか聞いてみてください。もし、納得のいく理由でしたら、正解にしてかまいません。仲間分けの概念を身に付けるには、何かを説明する時に「これは○○の仲間だよ」「○○の季節に咲く花だよ」といったように、おまけの情報を一言添えてあげると良いでしょう。また、一度にさまざまな話をしてもお子さまは覚えられません。聞かれる度に１つずつ新しい情報を教えるようにしましょう。

【おすすめ問題集】

Ｊｒ・ウォッチャー12「日常生活」、11「いろいろな仲間」、27「理科」、
30「生活習慣」、55「理科②」

問題22　分野：運動

集中　聞く

〈準備〉　平均台、跳び箱、ゴムひも、ビニールテープ
※無い場合はそれらに代わるもので代用。

〈問題〉　この問題の絵を参考にしてください。
（問題22の絵を参考に、準備した道具を設置しておく）
①スタートから平均台まで走っていって、平均台を歩いて渡ってください。
②跳び箱を歩いて上がって、降りてゴムひもの前まで歩いて行ってください。
③私が「いいですよ」と言ったら、ゴムひもをくぐってください。
④カラーコーンに手を置いてください。私が「いいですよ」と言ったら、ゴールのカラーコーンに向かって走ってください。反対側のカラーコーンに手を付いたらゴールです。

〈時間〉　適宜

〈解答〉　省略

［2017年度出題］

学習のポイント

運動自体は難しいものではありません。この課題で観られているのは、指示をしっかりと聞いて動いているか、１つひとつていねいに行っているか、運動を意欲的に行っているかといった、お子さまの課題に取り組む姿勢でしょう。この課題では、歩く場面と走る場面をしっかり分けているか、カラーコーンにきちんと手を置いているかなど、細かい観点がいくつかあります。話をちゃんと聞けるお子さまでも、課題に夢中になって指示を忘れてしまう、ということもあるかもしれません。ルールや指示を守ることは大切なことだと、早いうちから教えてあげてください。また、運動中だけでなく、待っている時の態度も重要な観察対象となります。実際の試験では、どの順番で課題を行うかはわかりません。気を付けたいのは先頭になった場合です。列の先頭になると、すべての人が終わるまでじっと待っていなければなりません。そうなると、待機する時間が一番長くなります。どうしても気が緩みがちですから、注意しましょう。

【おすすめ問題集】

新運動テスト問題集、Ｊｒ・ウォッチャー28「運動」

問題23　分野：行動観察

聞く　協調

〈準　備〉　積み木（８色程度）

〈問　題〉　この問題の絵はありません。

（この問題は４人程度のグループで行う。グループに準備した積み木を渡す）
妖精さんたちの国に台風が来て、街がめちゃくちゃになってしまいました。王様も兵隊さんたちもみんな吹き飛ばされてしまい、どうすることもできません。そこで、妖精さんの１人が、勇気を振り絞って人間の世界にやってきて、みんなに助けてほしいとお願いしました。さあ、みんなで妖精さんたちの街を建て直してあげましょう。積み木で街の建物を作ってください。何を作るかは、みんなで話し合って決めてください。

〈時　間〉　適宜

〈解　答〉　省略

［2017年度出題］

学習のポイント

お話の設定は少し変わっていますが、課題そのものは積み木で建物を作るというわかりやすいものです。積み木遊びを日頃からしていれば、作りたいものは自然と頭の中に思い浮かぶでしょう。しかしこの課題は、ほかのお友だちと協力して行わなくてはいけません。自分勝手に積み木を作るのではなく、ほかのお友だちと話し合って協力することが求められます。初めて出会うお友だちと遊ぶことになりますから、ふだんとは違う雰囲気になります。そうした環境に慣れていないお子さまだと、ほかの子にきつく当たってしまったり、わがままになってしまうこともあるかもしれません。知らないお友だちと遊ぶ練習としては、公園やアスレチックなどにお子さまを連れて行くことが有効です。人見知りの激しいお子さまですと、初めのうちは不安になるかもしれませんが、一度遊び始めればお子さま同士ですからすぐに仲良くなるものです。

【おすすめ問題集】

Ｊｒ・ウォッチャー29「行動観察」

問題24　分野：記憶（お話の記憶）

集中　聞く

〈準備〉　鉛筆

〈問題〉　この問題の絵は縦に使用してください。
お話をよく聞いて後の質問に答えてください。
　ウサギのウサコちゃんが朝起きると、とてもいい天気でした。お庭にはナノハナが咲いていて、そよ風が吹いています。「こんなにいい天気なのにお家にいるのはもったいないわ。そうだ、公園に遊びに行きましょう」朝ごはんの目玉焼きを食べながら、ウサコちゃんはそう思いました。
　朝ごはんを食べて、ウサコちゃんは公園に出かけました。八百屋さんの角まで歩いてくると、お友だちのウサオくんと会いました。「こんにちは、ウサコちゃん」「こんにちは、ウサオくん。これから公園に遊びに行こうと思うの。いっしょに遊ぶ？」「いいよ！　ぼくはサッカーボールを持ってるから、ボール遊びをしよう」ウサコちゃんはウサオくんと一緒に歩いていきました。八百屋さんの角を曲がった後、交番のある交差点を右に曲がると、公園です。公園にはサクラの花やチューリップが咲いていて、とてもきれいでした。ウサコちゃんとウサオくんは持ってきたサッカーボールで遊びました。
　するとそこに、買い物袋を持ったカメキチくんがやってきました。「こんにちは、ウサコちゃん、ウサオくん」「こんにちは、カメキチくん。今日はどうしたの？」「お母さんに頼まれて、夕ご飯のおつかいに行ってたんだ」カメキチくんの持っている買い物袋の中には、お肉とニンジン、ジャガイモ、タマネギが入っていました。「ウサコちゃんたちは何をしているの？」「いっしょにサッカーボールで遊んでるんだ。カメキチくんもいっしょに遊ぶ？」「ごめんね、まだおつかいの途中なんだ。魚屋さんに行って、エビを買ってこないといけないんだ」「そうなんだ。気を付けてね！」ウサコちゃんとウサオくんは、カメキチくんにバイバイと手を振って、見送りました。
　しばらく遊んでいると、日が暮れてきました。カラスがカアカア鳴いています。「もう帰る時間だね」「そうだね。明日も晴れるかな」「きっと晴れるよ！」「うん！晴れたら明日も一緒に遊ぼう！」約束をして、ウサコちゃんとウサオくんはお家に帰っていきました。

①ウサコちゃんがウサオくんと会ったのはどこですか。○をつけてください。
②ウサコちゃんは朝ごはんに何を食べましたか。○をつけてください。
③カメキチくんのこの日の夕ごはんは何だと思いますか。○をつけてください。
④お話に出てこなかった動物に○をつけてください。
⑤ウサコちゃんとウサオくんは何で遊びましたか。○をつけてください。

〈時間〉　各30秒

〈解答〉　①右から２番目（八百屋）　②左端（目玉焼き）　③左端（カレー）
④右から２番目（ブタ）　⑤右端（サッカーボール）

［2016年度出題］

学習のポイント

問題で聞かれる物事は時系列順ではなく、順序を変えて出てくるため、お話全体を理解していなければいけません。お話全体を理解するには、場面ごとの情景を思い浮かべることが有効です。こういった問題にまだ慣れていないお子さまなら、段落や場面ごとに、「今、この子はどんな気持ちかな？」「この子は何をしているのかな？」といった質問をして、情景を思い浮かべる力を養っていくとよいでしょう。お話自体は、身近な出来事を題材にしており、想像しやすいものです。実際に出掛けた時などを思い出しながら聞くと、より情景を思い浮かべやすくなるでしょう。お話と似たような出来事を経験していると、経験していない時よりもずっと場面を考えやすくなります。特に小学校受験では、市販されている絵本や有名な昔話や、友達と一緒に遊ぶ話、家族でどこかに出かける話などが出題されます。日頃の経験や思い出を重ねていくことが、結果につながるでしょう。

【おすすめ問題集】

【おすすめ問題集】

1話5分の読み聞かせお話集①②、お話の記憶 初級編・中級編・上級編、
Ｊｒ・ウォッチャー19「お話の記憶」、34「季節」

問題25 分野：推理

考え 観察

〈準備〉 鉛筆

〈問題〉 白い歯車と黒い歯車が絵のようになっています。白い歯車が矢印の方向に回ると、.黒い歯車はどちらに回りますか。回る方向の矢印に○をつけてください。

〈時間〉 1分

〈解答〉 下図参照

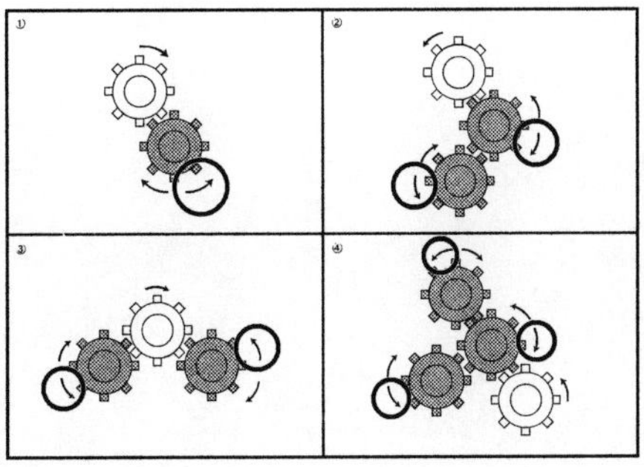

［2016年度出題］

学習のポイント

歯がかみ合って接している２つの歯車は、お互い逆に回転します。このような歯車同士の関係を理解して、１つひとつ確認していくことが基本的な解き方です。問題に取り組む前に、紙で歯車を作ってみたり、市販のギヤブロックを使ったりして、具体物で歯車の動きを見せると理解がしやすくなります。まずは２つの歯車で教え、徐々に３つ、４つと数を増やすと、歯車の動く仕組み（隣り合う歯車はそれぞれ逆回転することなど）が理解できるでしょう。数を増やしていくと、元の歯車と逆に回る歯車と、同じ方向に回る歯車が交互に噛み合わさっていることもわかると思います。大人はすぐにわかることでも、お子さまにとっては大発見です。説明をする際、この仕組みをお子さま自身が見つけるように導いてあげると、より深く理解できるでしょう。

【おすすめ問題集】

Ｊｒ・ウォッチャー31「推理思考」

問題26　分野：図形（対称）

観察　考え

〈準 備〉　鉛筆

〈問 題〉　この問題の絵は縦に使用してください。
１番左のお手本の旗を棒を中心にしてクルリと反対側に倒すと、旗に書かれた模様はどうなりますか。正しい絵に○をつけてください。

〈時 間〉　各30秒

〈解 答〉　①左端　②右から２番目　③左端　④右端　⑤左から２番目

［2016年度出題］

学習のポイント

お手本の絵を裏返したものはどれかという、図形の分野では頻出の問題です。図形の問題では、ほかにも「同じ絵はどれか」「回転させたものはどれか」「２枚を重ねた時、どのような絵になるか」といった問題があります。同じ絵でも出題方法によって答えはまるで違いますから、まずは問題を良く聞いて、何を聞かれどう操作するのか理解するところから始めてください。多くの出題形式に触れていれば、初めて見る問題にとまどうことも少なくなるでしょう。絵を見比べる問題は、最初にすべての選択肢に目を通し、明らかに間違っているものを除外するところから始めましょう。その後、残った選択肢を見比べて、正しい答えを見つけるというやり方で取り組めば、素早く正確に回答することができます。

【おすすめ問題集】

Ｊｒ・ウォッチャー８「対称」、48「鏡図形」

問題27　分野：常識（季節）　知識

〈準 備〉　鉛筆

〈問 題〉　夏にとれる野菜はどれですか。○をつけてください。

〈時 間〉　30秒

〈解 答〉　下図参照（トマト、カボチャ、きゅうり、ピーマン）

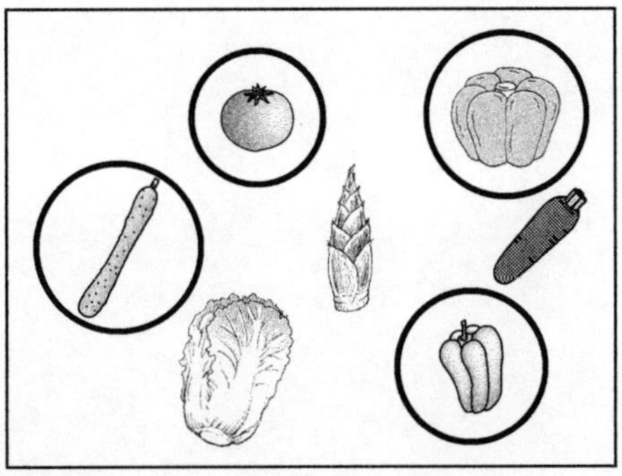

［2016年度出題］

学習のポイント

野菜の旬の問題ですが、最近の野菜は四季を通して販売されているため「お店に行って、季節感を感じよう」という学習が通用しなくなっています。食材の旬の季節を問う問題では、自然栽培された場合に、もっともよく収穫される時期が「旬」だということを、保護者の方が知っておいてください。そして、料理をする時や買いものに行った時に、「この食材が１番おいしくなる季節は夏だよ」などと教えてください。季節を代表する食材は、小学校受験では、頻繁に取り扱われる題材なので、食材の旬はしっかりと把握しておきましょう。野菜の特徴をお子さまに説明する時、根菜かそうでないか、同じ色の食材は何かなど、関連した知識も一緒に教えると学習の質が上がります。ポイントは、学習として行うより、クイズや日常会話の話題といった、リラックスした状況で行うことです。何でも学習と結びつけてしまうと、お子さまも気後れして、学習そのものを嫌ってしまいます。買いものをしている時や料理をしている時などに、ちょっとした話題として教えられる状況が、学習環境としては１番です。

【おすすめ問題集】

Ｊｒ・ウォッチャー27「理科」、55「理科②」

問題28　分野：行動観察

聞く　協調

〈準　備〉　赤、青、黄などのゼッケン、プラスチックのカップ、段ボール、いす

〈問　題〉　この問題の絵はありません。

（この問題は４人程度のグループで行う。はじめにグループごとに色の分かれたゼッケンを渡す）

①まずは渡したゼッケンを身に付けてください。

（段ボールに入れたプラスチックのカップを渡す）

②このカップを高く積み上げて塔を作るか、長く床に並べて橋を作ってください。どちらを作るかは、同じグループのお友だちと話し合って決めてください。カップの塔を作る時は、途中で倒れたら作り直しても構いません。
カップが足りなくなったら、ほかのグループに借りに行ってもよいですよ。

③（10分後、カップの塔か橋を片付ける）では、今度はみんなでカップの街を作りましょう。

④（10分後）やめてください。では、みんなでお片付けをしましょう。カップは箱の中に戻してください。ゼッケンは上から脱いで、いすの上に置いて畳んでください。

〈時　間〉　適宜

〈解　答〉　省略

［2016年度出題］

学習のポイント

このような課題では、作った塔の高さや橋の長さだけが採点対象になるわけではありません。むしろ、グループのほかのお友だちと話し合い、工夫して取り組む姿勢が大切となります。作業をする順番をどう決めるか、失敗した時の他者への対応がどうだったか、終了時の片付けを率先して行っていたか、ゼッケンの扱いがどうであったか、１人だけ勝手な行動をしないかなど、ほかのお友だちと積極的に関わっていける子が望ましいです。まずは、ふだんの生活の中でお友だちと仲良く遊ぶことができているか、公共の場でマナーを守れているかどうかチェックしてみましょう。自分がされて嫌なことを、ほかの人にしてはいけない、という考え方が身に付いているかどうかを、お子さまの行動から判断してください。もし、それができていなくても、行動に関することはすぐには修正できませんから、結果をすぐに求めるべきではありません。保護者は笑顔で、気長に取り組むという意識を持ちましょう。

【おすすめ問題集】

Ｊｒ・ウォッチャー29「行動観察」

問題29　分野：常識　聞く 知識

〈準　備〉　「もしもしかめよ」の音源、音楽再生機器、鉛筆

〈問　題〉　（「もしもしかめよ」を２番まで再生し、問題29の絵を渡す）
この歌の１番を歌っている動物に○を、２番を歌っている動物に◎をつけてください。

〈参　考〉　「もしもしかめよ」の歌詞
もしもし　かめよ　かめさんよ
せかいのうちで　おまえほど
あゆみの　のろい　ものはない
どうして　そんなに　のろいのか

なんと　おっしゃる　うさぎさん
そんなら　おまえと　かけくらべ
むこうの　おやまの　ふもとまで
どちらが　さきに　かけつくか

〈時　間〉　各15秒

〈解　答〉　○：ウサギ　◎：カメ

［2015年度出題］

学習のポイント

大変ユニークな課題です。分野としては常識となっていますが集中力や注意力、推理力、記憶力も必要とされる内容です。ふだん何気なく口ずさんでいる歌の歌詞をしっかりと理解していないと答えられません。本問も誰が、誰に向かって唄いかけているのかを念頭に置いて、歌詞を聞いてください。１番では、「もしもしカメよカメさんよ」と誰かがカメさんに呼びかけています。しかし、１番の歌詞の中にはその相手の名前は出てきません。そして２番になると初めて「なんとおっしゃるウサギさん」とカメさんに呼びかけていたのがウサギさんだったことが解ります。ポイントは、出題者の話をしっかり聞くことと、その内容を理解できるかどうかということです。こうした力は一朝一夕に身に付くものではありませんから、日常生活の中でたくさんお子さまと会話したり、本やお話の読み聞かせをして、自然な形で身に付けさせていくように心がけていきましょう。この機会に昔から歌い継がれている童謡をお子さまと一緒に唄ってみるのも良いと思います。

【おすすめ問題集】
１話５分の読み聞かせお話集①②、１話７分の読み聞かせお話集入試実践編①

問題30　分野：記憶（お話の記憶）

集中　聞く

〈準備〉　鉛筆

〈問題〉　**この問題の絵は縦に使用してください。**

お話をよく聞いて後の質問に答えてください。

夕べは雨と風がひどくておまけに雷まで鳴って、「まるで嵐みたいだな」とウサギさんのお父さんが驚くほどでした。でも、今朝はとても良い天気です。そこでウサギさんは散歩に出かけることにしました。お気に入りのカバンを肩から斜めに掛けて、タンポポの飾りの付いたお気に入りの帽子をかぶって出かけました。チューリップがたくさん咲いている公園の入口まで来た時、いたずらカラスに大事な帽子をとられてしまいました。ウサギさんの帽子をくわえたカラスはサクラの木の枝に帽子を引っかけると「カァー！カァー！」と鳴きながらどこかへ飛んでいってしまいました。ウサギさんはピョンピョン跳びはねて木の枝に引っかかった帽子を取ろうとしましたが、どうしても手が届きません。悲しくなってシクシク泣いていると、クマさんが通りかかって「どうしたの」と聞きました。ウサギさんがわけを話すと、クマさんは「肩車をしてあげるからね」と言って、ウサギさんを肩に乗せてくれました。おかげでウサギさんは無事に帽子を取ることができました。「クマさんありがとう」と、ウサギさんはお礼を言いました。それからウサギさんとクマさんは公園のブランコで仲良く遊びました。２人が遊んでいるとサル君とタヌキ君がやって来て、みんなでかくれんぼをすることになりました。ジャンケンに負けたタヌキ君が最初に鬼になりましたが、ウサギさんは帽子をかぶっているのですぐに見つかってしまいました。楽しく遊んでいるうちに夕方になったので、みんな家に帰ることにしました。川のそばまで来た時、急に「ヒュ〜ン」と風が吹いてウサギさんの帽子を川まで吹き飛ばしてしまいました。するとサル君が河原に降りて帽子を拾って来てくれました。「サル君ありがとう」と、ウサギさんはお礼を言いました。お山には真っ赤な夕日が沈むところです。「明日もきっと晴れるね」「また明日も遊ぼうね」みんなはそれぞれのお家に帰っていきました。

①夕べのお天気はどんなでしたか。正しい絵に○をつけてください。
②木の枝に引っかかった帽子を取る時にウサギさんを助けたのは誰ですか。選んで、絵に○をつけてください。
③このお話に出てきたのは誰ですか。○をつけてください。
④みんなが家に帰る時の景色に○をつけてください。
⑤このお話の季節はいつだと思いますか。同じ季節に行なうことの絵に○をつけてください。

〈時間〉　各30秒

〈解答〉　①左から２番目（嵐）②左から２番目（クマ）
③クマ・サル・ウサギ・タヌキ・カラスに○
④左から２番目（山に夕日が沈むところ）　⑤右から２番目（春・入学式）

［2015年度出題］

学習のポイント

このお話はお子さまにとってイメージしやすい内容で、登場人物もそれほど多くありませんから、比較的やさしい問題だと言えるでしょう。ただし、誰が出てきたか、何をしたか、何を言ったかなどを、言葉として記憶しようとすると、お話そのものを楽しんで聞いたり、内容を理解する余裕がなくなってしまいます。お話の流れに沿ってその場面の情景を思い描きながら聞いていると、自然にお話を覚えやすくなると思います。受験に限らずお話を聞くということは、お子さまの日常生活や今後の学校生活の中でも大切な事柄ですから、今のうちにしっかりと身に付けさせておきましょう。その１つの方法として本やお話の読み聞かせがあります。はじめはお子さまが興味を持ちそうな楽しい絵本などから始め、お話を聞く楽しさや、その情景を想像させていきましょう。そしてそこから少しずつお話の長さやその内容をひろげていくようにすると、お話にさらに深く興味を持つのではないでしょうか。お話が終わった後、お子さまとお話の内容についての感想を話し合うのもよいと思います。

【おすすめ問題集】

１話５分の読み聞かせお話集①②、　お話の記憶 初級編・中級編・上級編
Ｊｒ・ウォッチャー19「お話の記憶」、34「季節」

問題31　分野：数量（一対多の対応）

考え　観察

〈準 備〉　鉛筆

〈問 題〉　左上の四角の中の絵を見てください。歯ブラシとコップがセットになっていますね。右側には歯ブラシとコップがバラバラに散らばっています。お手本と同じ組み合わせを作るといくつのセットができると思いますか。下の四角の中にその数だけ○を書いてください。

〈時 間〉　各15秒

〈解 答〉　○：6

［2015年度出題］

学習のポイント

コップと歯ブラシがたくさん並んでいて難しそうですが、落ち着いて問題を見れば、それほど難しい内容ではないことがわかります。お子さまによって解き方はさまざまだと思いますが、１つの方法を記しておきます。まず、１目見てかぞえやすい方を見つけて、（本問ならコップでしょうか）その数をかぞえます。コップは６個あります。つぎに歯ブラシの数をかぞえると、10本あります。組み合わせを作るには、両方のものの数が揃っていなくてはいけません。したがって、作れるセットは６本となります。本問で気を付けることは「数のかぞえ違い」です。目だけでかぞえられれば良いのですが、かぞえ慣れていなかったり数が多かったりするとなかなか難しいと思います。指で押さえたり、軽く鉛筆で印を付けたりするなど、お子さまが慣れるまではやりやすい方法を試すとよいでしょう。

【おすすめ問題集】

Ｊｒ・ウォッチャー37「選んで数える」、42「一対多の対応」

問題32　分野：常識・言語

知識

〈準　備〉　鉛筆

〈問　題〉　（問題32の絵を渡して）
上の段の絵を見てください。この絵の中で「雨・ゴム・履く」のすべての言葉に関係するものは何だかわかりますか。答えは長靴です。長靴は雨が降った時に履くものです。そしてゴムでできています。カサは「傘をさす」で、レインコートは「着る」ですから、「履く」ものは長靴だけです。
では、下の段の絵を見てください。この絵の中で「冬・毛糸・暖かい・巻く」というすべての言葉に当てはまるものを選んで、○をつけてください。

〈時　間〉　15秒

〈解　答〉　マフラー

［2015年度出題］

学習のポイント

日本語は扱うものによって動作を表す言葉が異なります。セーター・カーディガンは「着る」。手袋は「はめる」。ブーツや靴下のように足につけるものは「履く」。マフラーは首に「巻く」です。このように同じ身に付ける場合でも、その部位によって言葉は変化します。また、日本語には同じ音の言葉でも（箸と橋・雨と飴のような）、まったく意味のちがうものや、同じ音の言葉を２度重ねて言うことでその言葉の意味をより強調する場合があります（雨がザアザア降っている・ゴツゴツした手など）。こうした言葉の使い方を覚えていくには、言葉を１つずつ覚えるよりも、物語や会話の中で、使い方を含めて覚えていくべきでしょう。小学校受験では本問のように、イラストとともに出題されるケースが多いですが、小学校からの学習では「言葉の意味」よりも、「どのような場面にふさわしい言葉なのか」が学習の中心になるからです。

【おすすめ問題集】
Ｊｒ・ウォッチャー12「日常生活」、18「いろいろな言葉」、30「生活習慣」

問題33　分野：運動

集中　聞く

〈準　備〉　跳び箱、三角コーン、ゴムひもとポール、カバン、水たまりの描いてある絵、マット。あらかじめ、問題33の絵を参考に上記準備物を配置しておく。

〈問　題〉　この問題の絵を参考にしてください。
①スタートしたら、バッグを持ち、三角コーンと三角コーンの間を渡してあるバーに沿って歩いてください。
②ゴムのひもをくぐってください。ゴムに触ってはいけません。
③水たまりの描いてある絵が床にあるのでそれを飛び越えてください。
④跳び箱に登ってマットの上にジャンプして降りてください。マットの上に白い線で四角が書いてあります。そこにジャンプしてください。
⑤公園の絵が描いてある三角コーンから、家の絵が描いてある三角コーンまで走ってください。着いたら先生に「ただいま」と言ってください。
⑥先生が「おかえり」と応えたら、スタートした場所に戻り、列の１番後ろに体操座りで座って静かに待ちましょう。

〈時　間〉　適宜

〈解　答〉　省略

［2015年度出題］

学習のポイント

例年、同様の「シチュエーションが決められた」サーキット運動が出題されています。こうした課題は早く、上手にできれば、それに越したことはありませんが、お子さまによっては運動に対して苦手意識を持っている場合もあるでしょう。多少遅かったり、多少下手だったりしても評価にはほとんど関係ありません。先生の指示をどれだけしっかり理解しているか、指示に従ってどれだけ一生懸命に頑張れたか、そうした点が評価の対象と考えてください。指示される運動は、「まっすぐ歩く」「跳び越える」「くぐる」「登る」「決められた印に向かってジャンプする」「障害物をよけて歩く」など基本的な動作が中心です。年齢相応の身体能力と体力、そして出された指示への理解力が備わっていれば特別な対策は必要ありません。日頃から戸外で元気に体を動かす時間を設けて、片足ケンケンやスキップ、ボール投げやキャッチボールといった運動はできるようにしておきましょう。

【おすすめ問題集】

新運動テスト問題集、Ｊｒ・ウォッチャー28「運動」

問題34　分野：常識（理科）

知識

〈準備〉　鉛筆

〈問題〉　左上の絵を見てください。これは何の野菜からできていると思いますか、正しいものに○をつけてください。

〈時間〉　15秒

〈解答〉　○：トウモロコシ

［2015年度出題］

学習のポイント

実際の試験では漬けもののタクアンを輪切りにしたところをモニターで見て、何から作られたものかを答える問題でした。タクアンの輪切りをイラストにしてもモノクロではよくわからないと思われるので、本問では「トウモロコシ→ポップコーン」に変更しています。このように、元の材料から加工された食べものはたくさんあります。ほかにも、豆腐やかまぼこなどがあります。食卓にあがった時に、それらの食べものが、「元はこんな材料からできているんだ」といったことを話題にすると、この種の知識がお子さまの記憶にも残るのではないでしょうか。

【おすすめ問題集】

Ｊｒ・ウォッチャー27「理科」、55「理科②」

問題35　分野：常識

知識

〈準備〉　鉛筆、「掃除機の音、バイクの音、救急車の音、波の音」が録音された音源、音源再生機器

〈問題〉　**この問題の絵は縦に使用してください。**
（問題35の絵を渡して）これからさまざまな音を聞いてもらいますから、よく聞いて何の音か考えて、合っている絵に○をつけてください。（①掃除機の音、②バイクの音、③救急車の音、④波の音を各10秒程度、順番に再生する）

〈時間〉　各15秒

〈解答〉　①左から２番目　②左から２番目　③右端　④左から２番目

［2015年度出題］

学習のポイント

私たちが日々生活をしている時、周囲からさまざまな音が聞こえてきます。何気なく聞いている、車の走る音・風の音・雨の音・掃除機の音・洗濯機の音・小鳥のさえずりなど、数えあげたらきりがないほどの音であふれています。時にはお子さまと目をつぶって、「今のは何の音かな？」と音当てクイズをしてみるのもよいでしょう。集中して１つの音を聞き分ける集中力と、「このものはこんな音がする」という経験の有無、つまり、お子さまの生活体験が試されたとも言える課題です。なお、試験会場では録音された音が流れて、１問ずつ「今の音は何の音ですか」といった形で出題されたようです。

【おすすめ問題集】
Ｊｒ・ウォッチャー27「理科」、30「生活習慣」、34「季節」、55「理科②」

問題36　分野：行動観察

聞く　話す

〈準備〉　問題36の絵は、線に沿ってそれぞれ切り離しておく。

〈問題〉　※５人のグループ。赤・青・黄色チームによる対抗戦の形式で行なう。
ここに４枚のパズルがあります。バラバラになっているピースを組み立てて、４枚とも元の絵にしてもらいます。ルールを説明しますから、よく聞いてその通りにやってください。
★パズルゲーム
①赤・青・黄の３ヶ所にパズルのバラバラになったピースがおいてあります。
②自分のチームと同じ色のパズルのピースを、自分の色の場所に運びます。ピースを運ぶ時は、１人で運ばず、お友だちと協力してください。
③運んだら１回目はリスの描いてある絵を使ったパズルを組み立ててください。できたら５人で揃って「できました」と言って手を挙げてください。
④２回目はカエルの絵、３回目と４回目はお友だちと相談してどちらでも好きな方から組み立ててください。

〈時間〉　適宜

〈解答〉　省略

［2015年度出題］

学習のポイント

実際の試験では、箱の１つの面にそれぞれの絵が描かれていて、それを組み立てるといった立体的パズルだったようです。したがって、ピースを運ぶ時も１人では運びきれませんから、チーム全員で力を合わせて運ばないとほかのチームにおくれを取ってしまいます。こうしたチームによる行動観察で重要視されるのは、「先生の指示が正確に理解されているか」「指示通りに行動できているか」「ほかのお友だちと協調した行動がとれているか」「表情よく、意欲的かつ積極的に活動できているか」などです。こうした観点に応えるためには、年齢相応の自覚や認識をしっかりと持って、日常の中でも自分のことは自分でする習慣を身に付けておくことが大切です。保護者の方は、何事にも周りの大人が手出し口出しすれば時間もかからず、間違いや面倒がないと思われることも多々あるでしょう。そこであえて我慢して、お子さまの年齢相応の自立心を養ってください。

【おすすめ問題集】

Ｊｒ・ウォッチャー29「行動観察」

問題37　分野：推理

考え　観察

〈準 備〉　鉛筆

〈問 題〉　この問題の絵は縦に使用してください。

①１番上の段を見てください。この中で１番長いひもを選んで、○をつけてください。

②③上から２番目の段と下から２番目の段も同じように１番長いひもを選んで、○をつけてください。

④１番下の段を見てください。この中で１番結び目の多いひもを選んで、○をつけてください。

〈時 間〉　各20秒

〈解 答〉　①右端　②右端　③右から２番目　④右端

［2014年度出題］

学習のポイント

ひもの長さの比較は出題頻度の高い問題で、当校は正解までのプロセスを大事にしています。正答だけではなく、どのように考えたかが大事です。①では、ひも全体を見ることができるので、長さの比較はしやすいと思いますが、ものを使って長さを知ることができるということをお子さまに教えましょう。例えば、１円玉の直径は２㎝です。５個分で10㎝になることは小学校に入ってからの学習になりますが、身の回りのものが１円玉何個分なのか調べてみるのも楽しい学習の一環になるのではないでしょうか。②と④は数をかぞえる問題です。②で求められるのは紐の長さですが、巻かれている筒が全て同じ大きさなので、紐が何周しているかを数えれば答えがわかります。③は①と②が複合したような問題です。筒の大きさと紐の本数、両方を見比べて、最も多く巻き付いていて、最も筒が太いものを選ぶ、という判断をお子さまがする必要があります。わかりにくい時は、実際に太さの違う筒と紐を用意し、お子さまの前で巻いて長さを比べてください。

【おすすめ問題集】

Ｊｒ・ウォッチャー15「比較」、31「推理思考」、58「比較②」

問題38　分野：図形（四方からの観察）

観察　考え

〈準 備〉　鉛筆

〈問 題〉　左のものを上から見ると、どのように見えますか。○をつけましょう。

〈時 間〉　各30秒

〈解 答〉　①左端　②左から２番目

［2014年度出題］

学習のポイント

立体物を正面・側面・上方から見た時の形について考える四方観察の問題です。立体の全体像をイメージする空間把握力と、ほかの方向から見える形を想像する力が要求されています。立体物の特徴的な部分（本問の場合、テープ中央の穴や、カップの取っ手）がどのように見えるのかに注目すると、答えが見つかりやすくなります。平らなところに置いた500円玉を真横からみると長方形に見えるように、立体的なものを真横や真上から見ると、正面からとは違った形に見えます。このことを経験的に学んでおくと良いでしょう。実際に立体物を観察する時には、立体物と同じ高さまで目線を下げると、側面から見た時の形がよくわかり、立体物を平面に置き換えた時の見え方が理解しやすくなります。

【おすすめ問題集】

Ｊｒ・ウォッチャー10「四方からの観察」、53「四方からの観察－積み木編－」

問題39　分野：常識

知識

〈準 備〉　鉛筆

〈問 題〉　この問題の絵は縦に使用してください。

①１番上の段を見てください。この中で「楽器」はどれですか。２つ選んで、○をつけてください。

②上から２番目の段を見てください。この中で「果物」はどれですか。２つ選んで、○をつけてください。

③下から２番目の段を見てください。この中で「自動車」はどれですか。２つ選んで、○をつけてください。

④１番下の段を見てください。この中で「魚」はどれですか。２つ選んで、○をつけてください。

〈時 間〉　各15秒

〈解 答〉　①左から２番目・右から２番目（トライアングルと太鼓）

②左から２番目・右端（モモとメロン）

③左から２番目・右端（救急車とトラック）

④左端・右端（カツオとメダカ）

［2014年度出題］

学習のポイント

本問は、さまざまなものを、仲間を表わす言葉で分ける問題です。例えば「ライオン」は「動物」の仲間、「ラッパ」は「楽器」の仲間というように、さまざまなものは共通する性質ごとに集めて、「～の仲間」と表すことができます。ものの名前を覚える時には、名称だけでなく、働きや色、季節なども合わせて覚えることが多いと思います。これまでに覚えた言葉を、「～の仲間」という視点で整理してみてください。1つひとつのものに対して、どのくらいのことを知っているのかがわかってきます。

【おすすめ問題集】

Ｊｒ・ウォッチャー11「いろいろな仲間」、27「理科」、34「季節」、55「理科②」

問題40　分野：常識（理科・マナー）　知識

〈準備〉　鉛筆、「ハトの鳴き声」と「たなばたさま」が録音された音源、音源再生機器

〈問題〉　**この問題の絵は縦に使用してください。**

①（問題40-2の絵を予め渡しておき、問題40-1の上の絵を見せて）1番上の段を見てください。これをもっと大きくするために使うものに○をつけてください。

②（問題40-1の下の絵を見せて）上から2番目の段を見てください。「この食べものの材料の1つになっている生きものはどれですか。選んで、○をつけてください。

③下から2番目の段を見てください。（ハトの鳴き声を再生して）今聞こえた鳴き声の生きものに○をつけてください。

④1番下の段を見てください。（「たなばたさま」を再生して）この中で今の歌に関係のあるものを選んで、○をつけてください。

〈時間〉　各15秒

〈解答〉　①右から2番目（ジョウロ）　②右から2番目（タコ）
③右から2番目（ハト）　④右端（七夕のササ）

［2014年度出題］

学習のポイント

常識の問題は多岐に渡りますから、機会を逃さず、お子さまに「知識」を身に付けるように意識してください。①～③は理科的常識、④は童謡・季節の行事に関する問題です。理科的常識については日頃からお子さまの好奇心に応えること、季節の行事については体験することが重要です。ライフスタイルの変化で行事そのものが行われない場合や、地域的にそのような行事がなかったり、変わった形で行われていることがあると思います。その場合は映像や本を使って疑似体験させてあげましょう。

【おすすめ問題集】

Ｊｒ・ウォッチャー27「理科」、30「生活習慣」、34「季節」、「理科②」

横浜国立大学教育学部附属横浜小学校　専用注文書

年　　月　　日

合格のための問題集ベスト・セレクション

＊入試頻出分野ベスト３

1st　お話の記憶　集中力　聞く力

2nd　常　識　知識

3rd　数　量　集中力　思考力

標準的なレベルの問題が各分野から出題されています。常識分野の問題は理科などの知識を問うものが多く、マナーについてはあまり出題がありません。過去問は必須です。

分野	書　名	価格(税抜)	注文	分野	書　名	価格(税抜)	注文
図形	Ｊｒ・ウォッチャー3「パズル」	1,500円	冊	常識	Ｊｒ・ウォッチャー34「季節」	1,500円	冊
図形	Ｊｒ・ウォッチャー4「同図形探し」	1,500円	冊	数量	Ｊｒ・ウォッチャー37「選んで数える」	1,500円	冊
図形	Ｊｒ・ウォッチャー8「対称」	1,500円	冊	数量	Ｊｒ・ウォッチャー42「一対多の対応」	1,500円	冊
図形	Ｊｒ・ウォッチャー10「四方からの観察」	1,500円	冊	図形	Ｊｒ・ウォッチャー46「回転図形」	1,500円	冊
常識	Ｊｒ・ウォッチャー11「いろいろな仲間」	1,500円	冊	図形	Ｊｒ・ウォッチャー48「鏡図形」	1,500円	冊
常識	Ｊｒ・ウォッチャー12「日常生活」	1,500円	冊	言語	Ｊｒ・ウォッチャー49「しりとり」	1,500円	冊
数量	Ｊｒ・ウォッチャー14「数える」	1,500円	冊	図形	Ｊｒ・ウォッチャー53「四方からの観察　積み木編」	1,500円	冊
言語	Ｊｒ・ウォッチャー17「言葉の音遊び」	1,500円	冊	常識	Ｊｒ・ウォッチャー55「理科②」	1,500円	冊
記憶	Ｊｒ・ウォッチャー19「お話の記憶」	1,500円	冊	言語	Ｊｒ・ウォッチャー60「言葉の音（おん）」	1,500円	冊
巧緻性	Ｊｒ・ウォッチャー23「切る・貼る・塗る」	1,500円	冊		実践 ゆびさきトレーニング①②③	2,000円	冊
常識	Ｊｒ・ウォッチャー27「理科」	1,500円	冊		面接テスト問題集	1,800円	各　冊
行動観察	Ｊｒ・ウォッチャー29「行動観察」	1,500円	冊		１話５分の読み聞かせお話集①②	1,800円	冊
常識	Ｊｒ・ウォッチャー30「生活習慣」	1,500円	冊		新 個別テスト・口頭試問問題集	2,500円	冊
推理	Ｊｒ・ウォッチャー31「推理思考」	1,500円	冊		新 運動テスト問題集	2,200円	冊

合計	冊	円

（フリガナ）

氏　名

電　話

ＦＡＸ

E-mail

住 所　〒　　　－

以前にご注文されたことはございますか。

有　・　無

★お近くの書店、または記載の電話・FAX・ホームページにてご注文をお受けしております。
電話：03-5261-8951　FAX：03-5261-8953　代金は書籍合計金額＋送料がかかります。
※なお、落丁・乱丁以外の理由による商品の返品・交換には応じかねます。

★ご記入頂いた個人に関する情報は、当社にて厳重に管理致します。なお、ご購入の商品発送の他に、当社発行の書籍案内、書籍に関する調査に使用させて頂く場合がございますので、予めご了承ください。

日本学習図書株式会社
http://www.nichigaku.jp

問題1

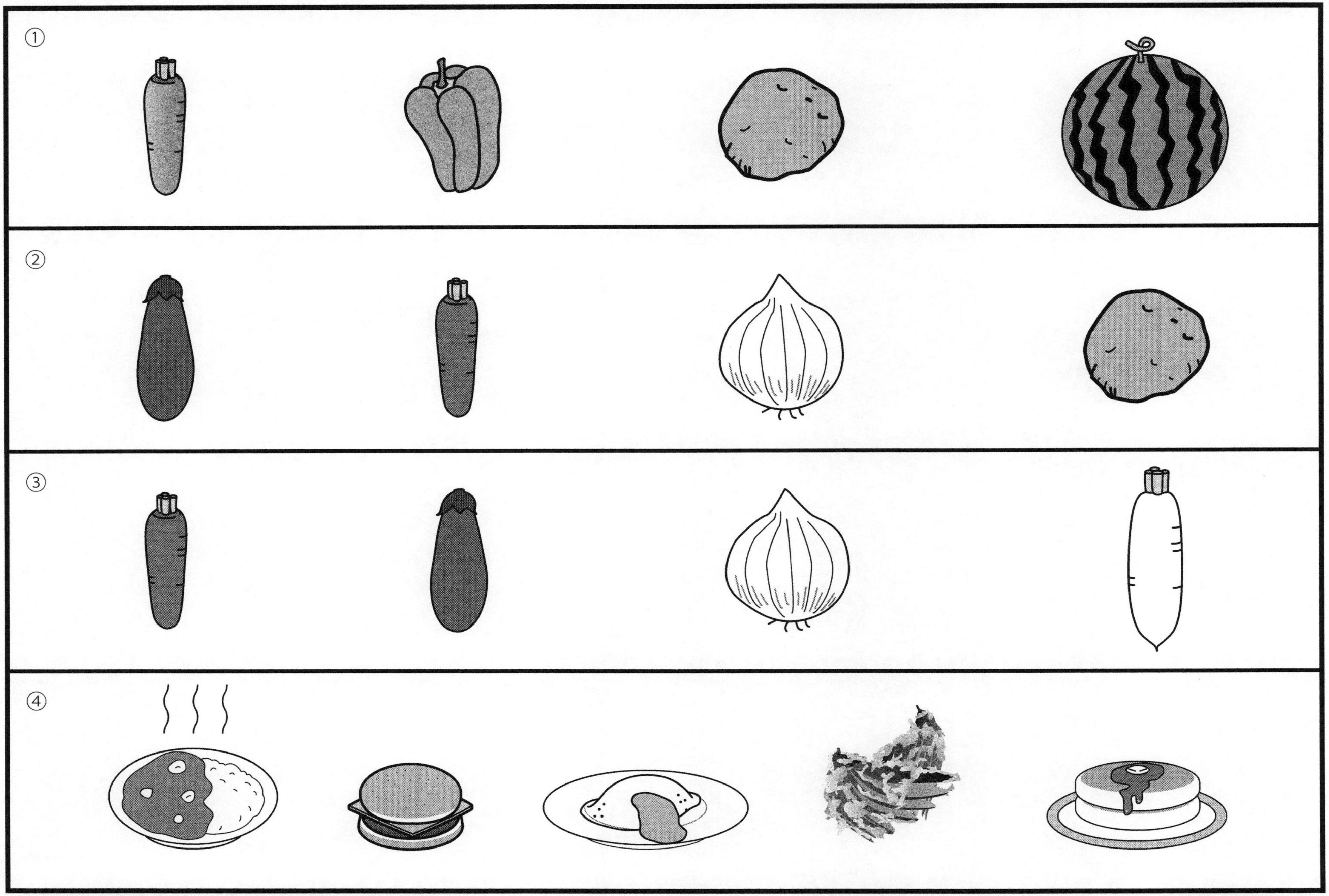

日本学習図書株式会社

2021年度 附属横浜小学校 過去 無断複製/転載を禁ずる

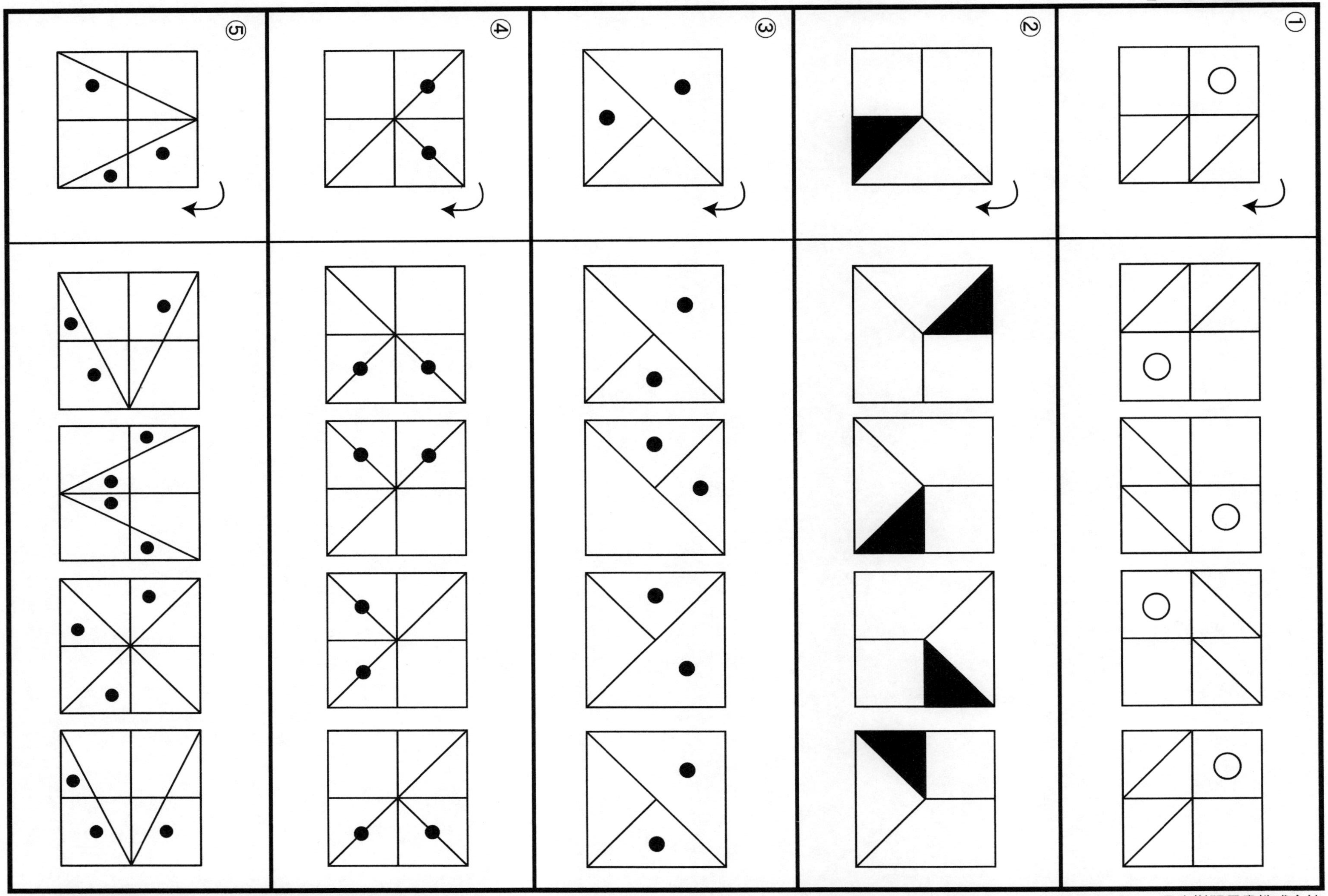

日本学習図書株式会社

2021年度 附属横浜小学校 過去 無断複製／転載を禁ずる

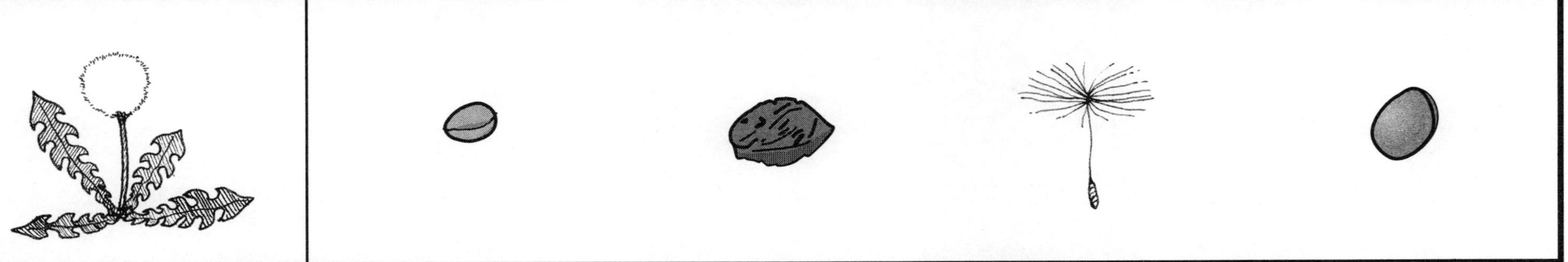

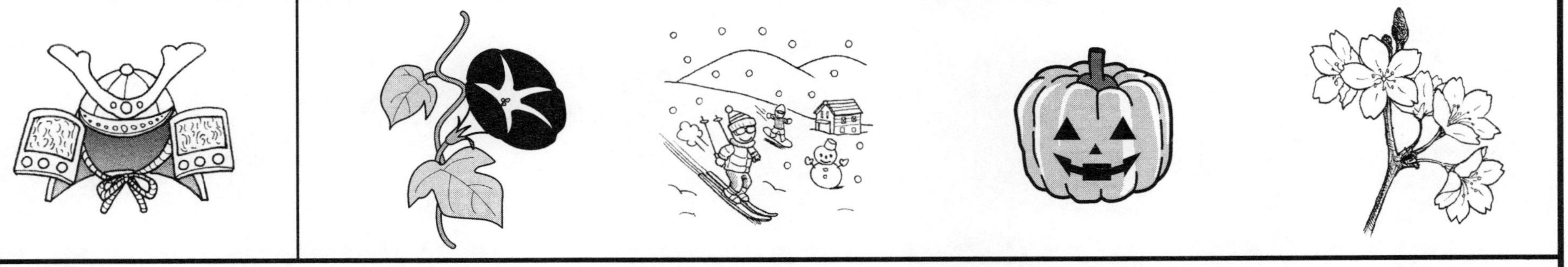

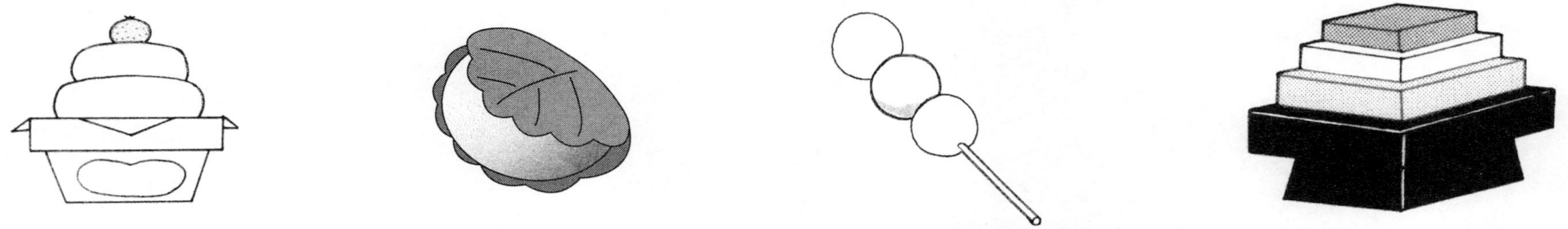

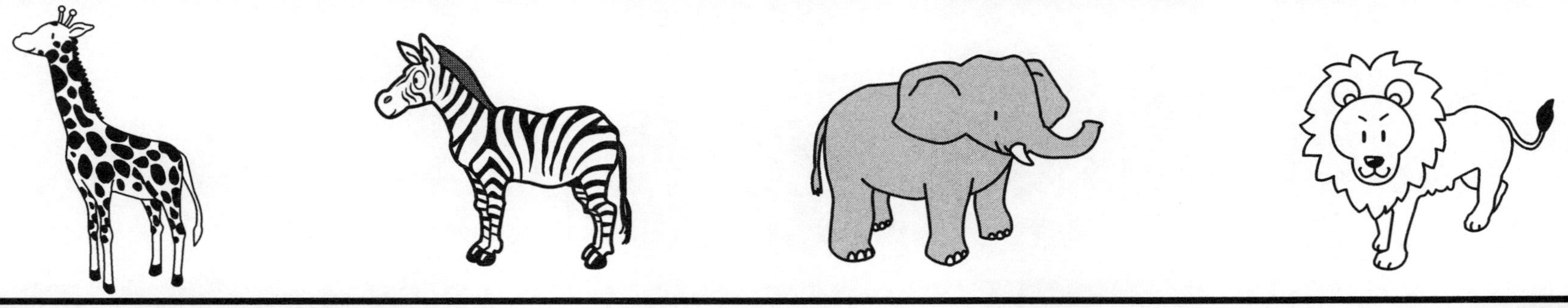

①

②

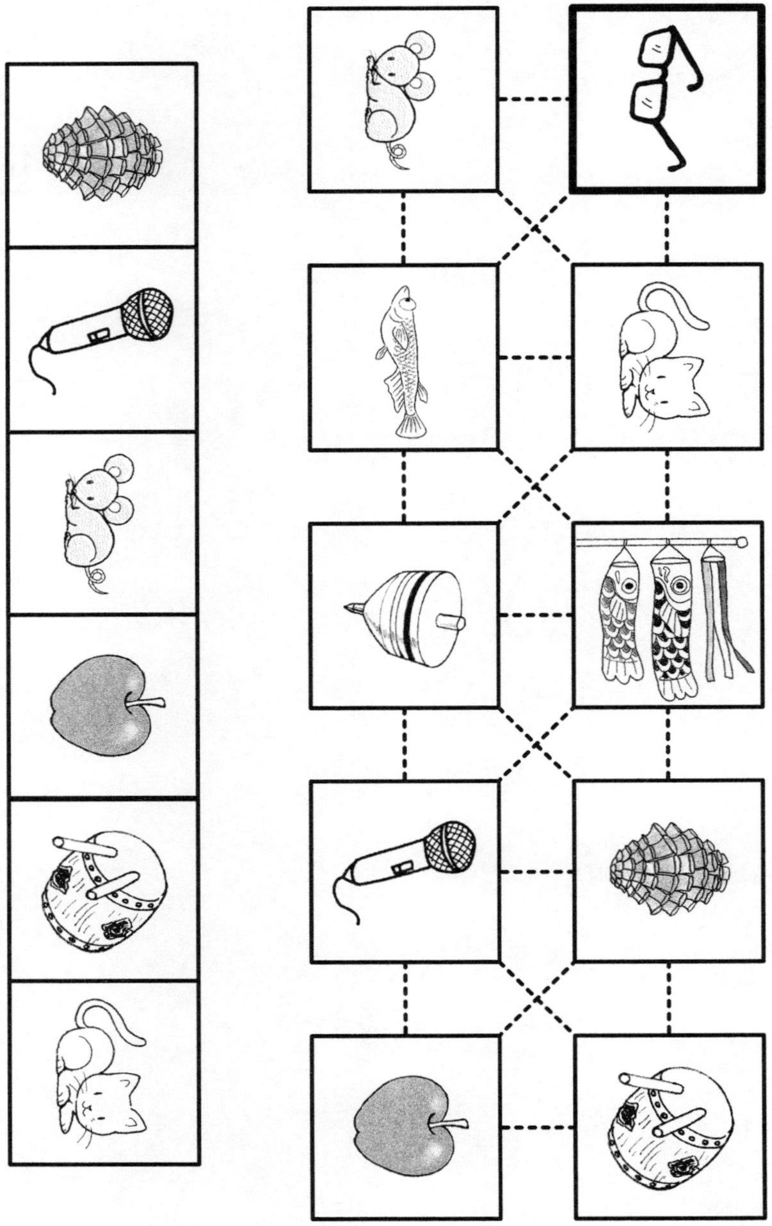

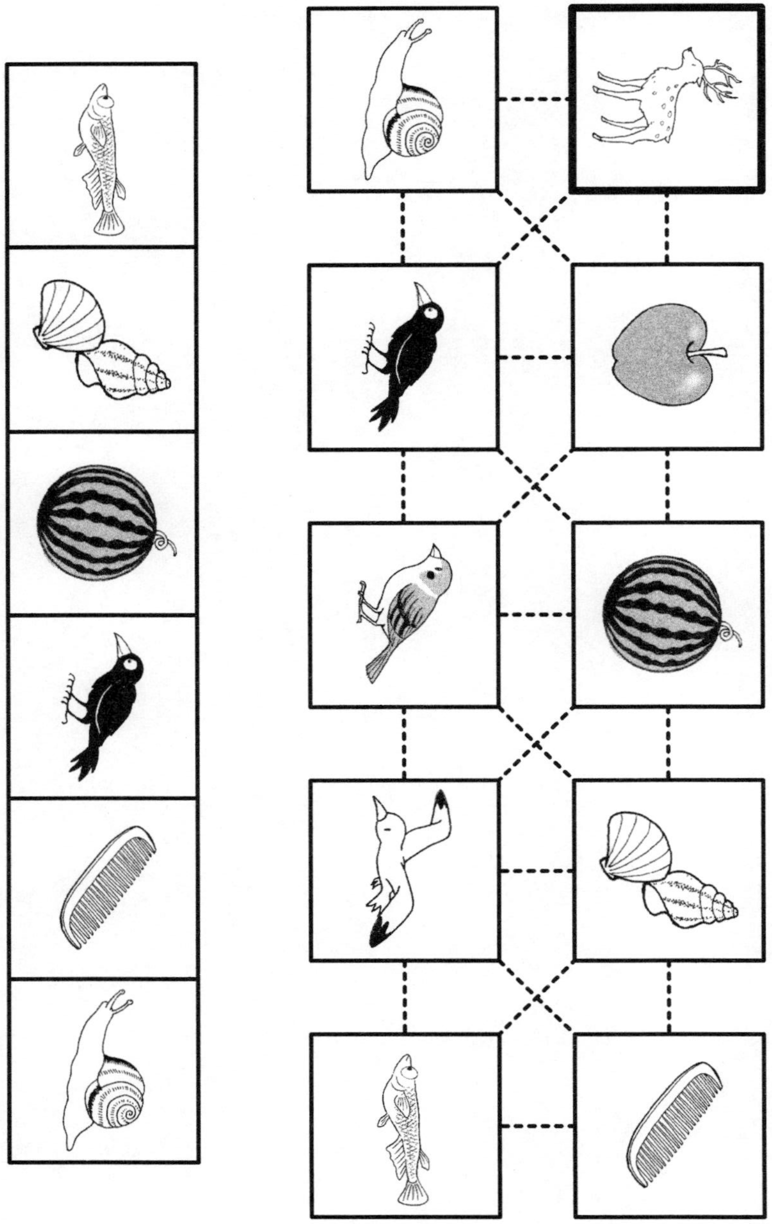

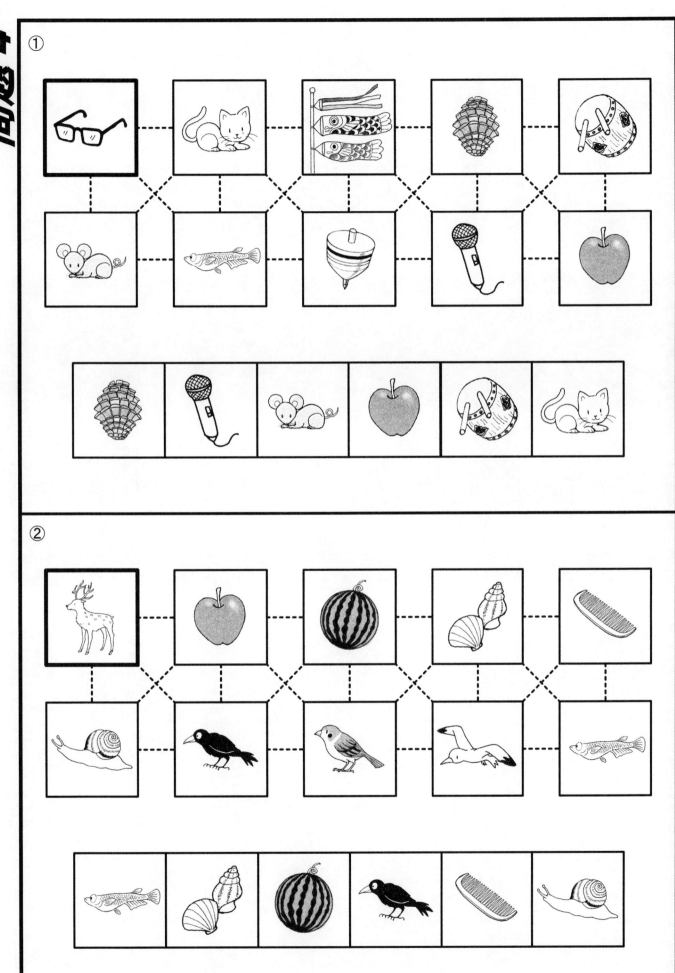

問題5

①

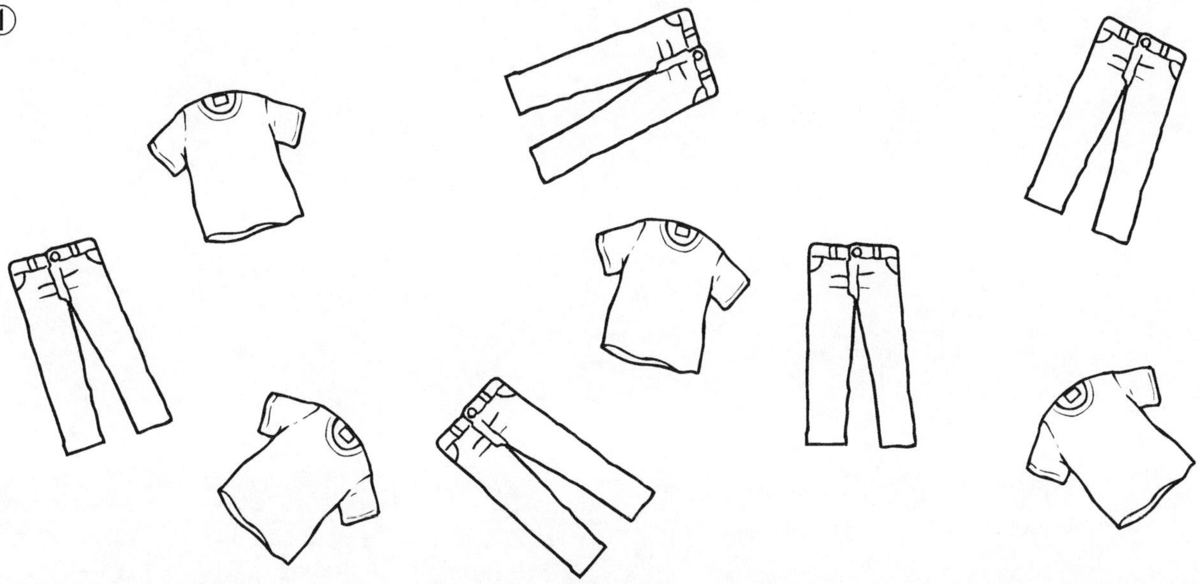

②

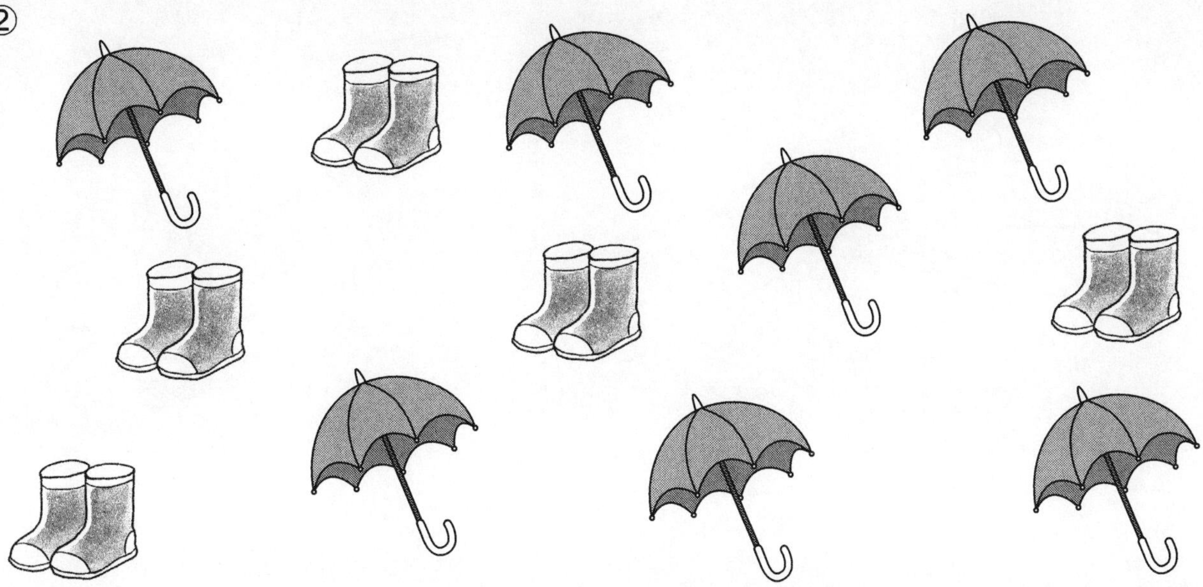

③

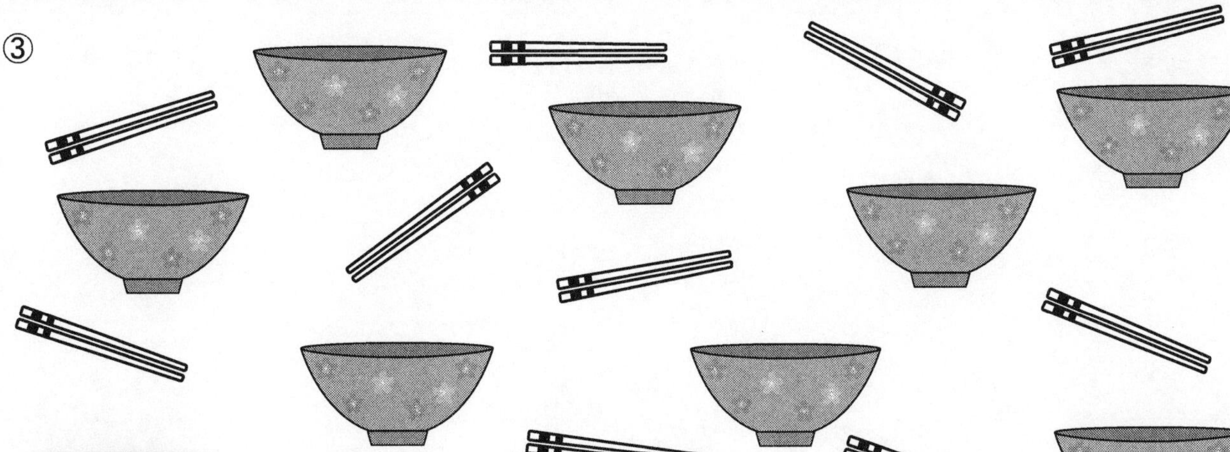

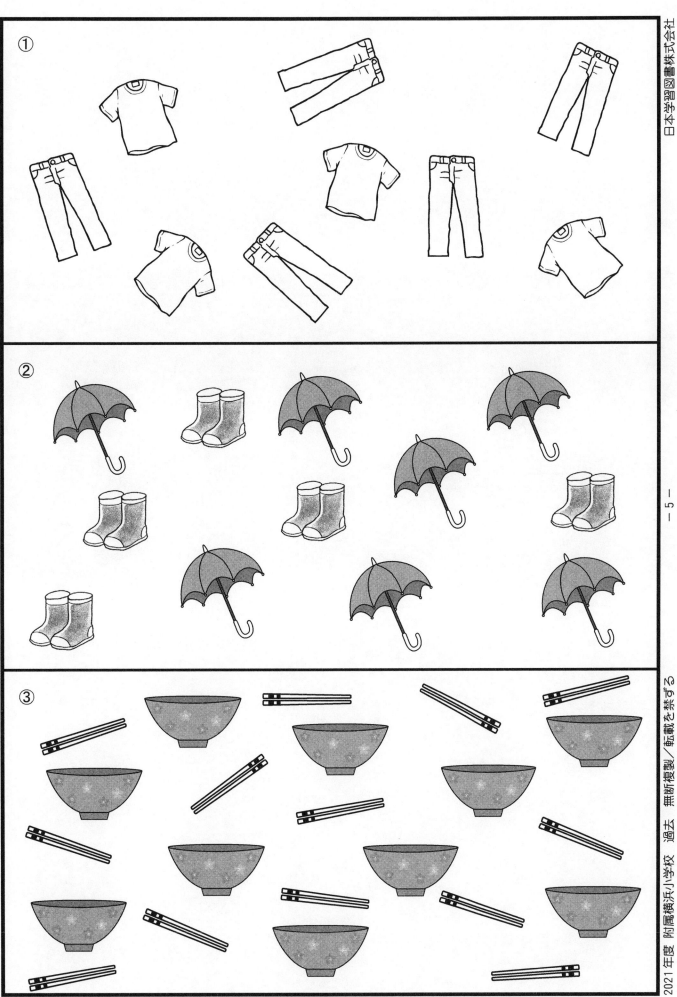

問題6

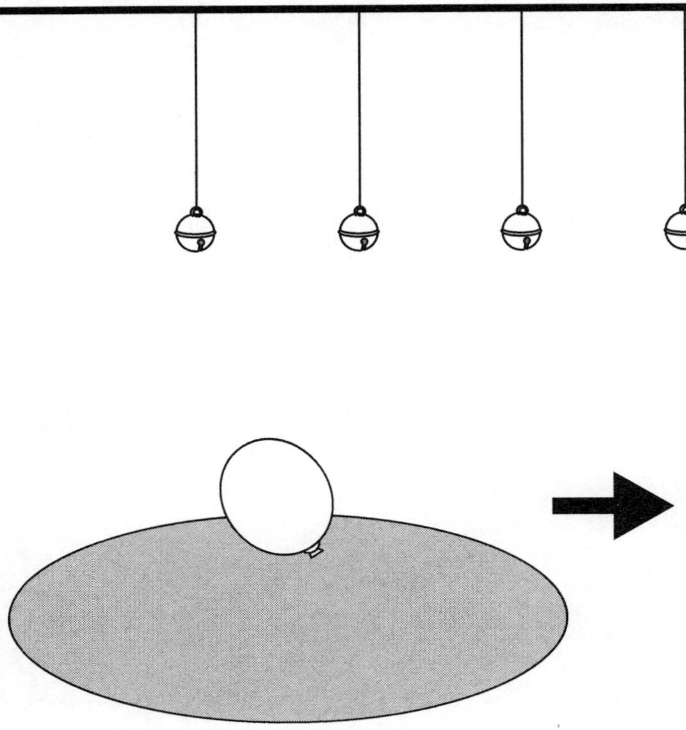

「風船で鈴を鳴らす」

① 5人で円形の布を持ち、1人が風船を
　布の中央に置く。
②布のを上下に動かして頭上に吊るしてある
　鈴を5つ鳴らす、または制限時間が来ると
　終了。
※風船が布から落ちた場合は風船を布に
　置いた人が再び布の中央に置く。

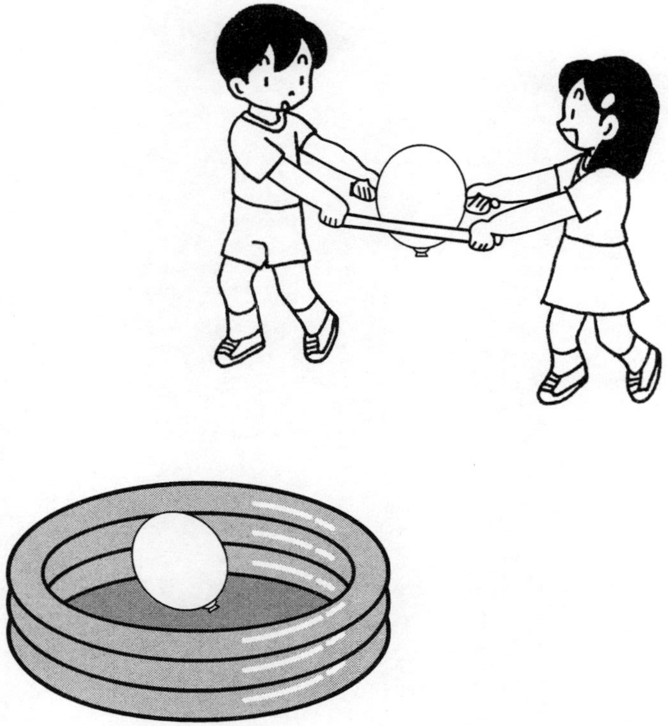

「新聞紙の棒で風船運び」

① 2人1組で棒状の新聞紙を使って風船を運ぶ。
②カゴに入っている風船（6個）をビニールプール
　すべて入れると終了。
※風船が落ちた場合はその場所からリスタート。

問題7

問題8

問題１０

①

②

③

④

問題11

2021年度 附属横浜小学校 過去 無断複製／転載を禁ずる　　日本学習図書株式会社

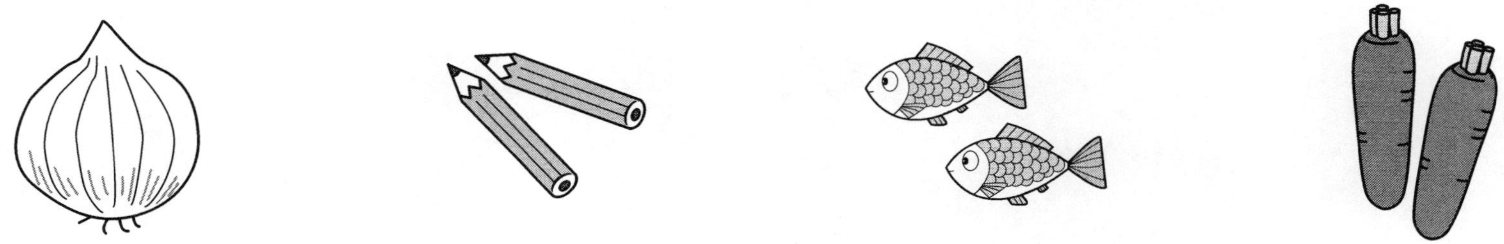

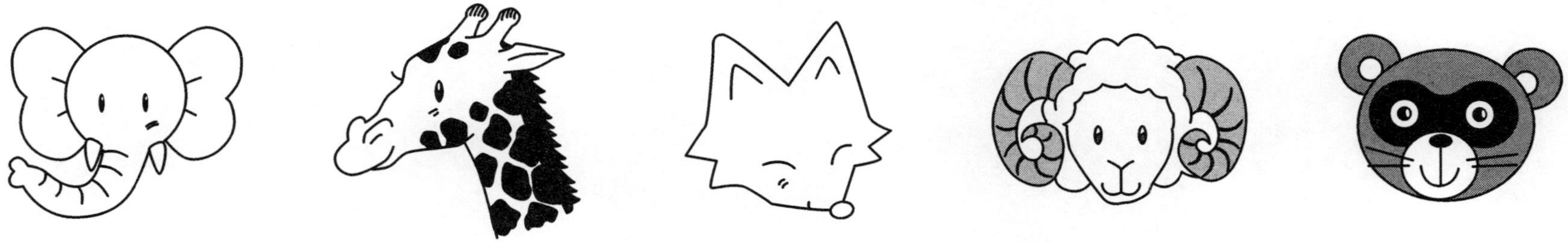

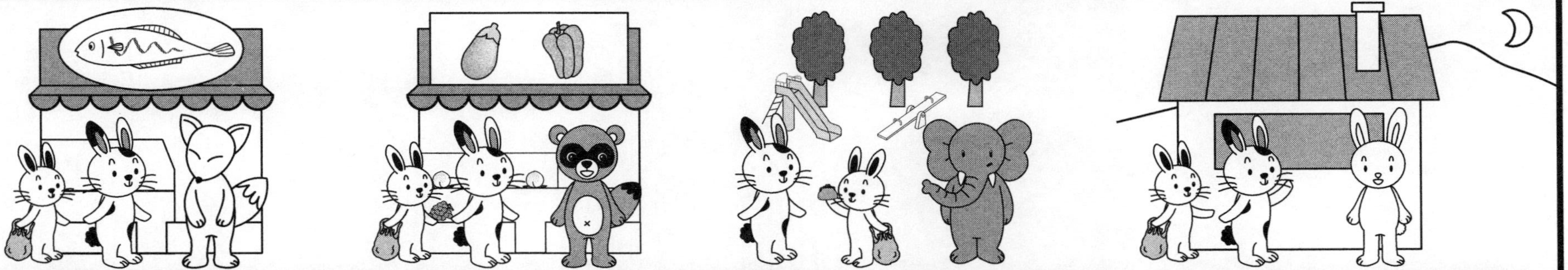

問題１３

問題１４

問題１５

問題１６

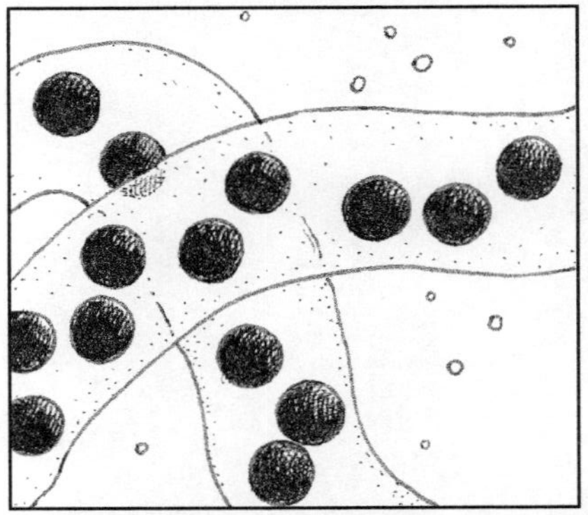

問題17

①

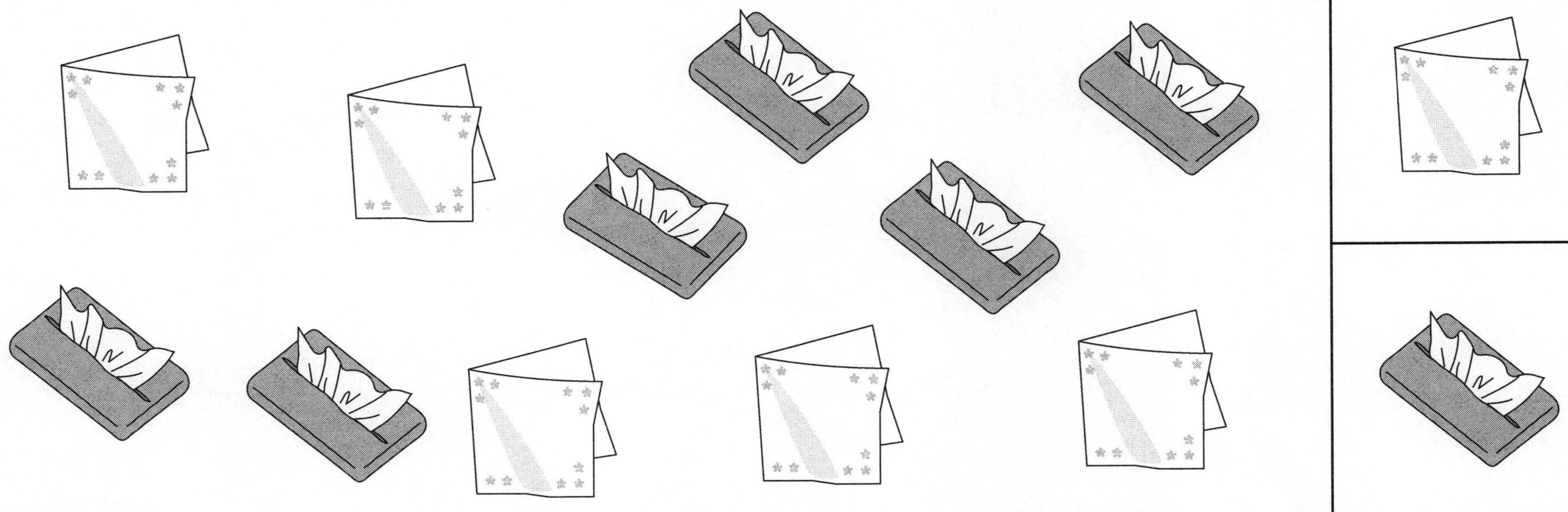

②

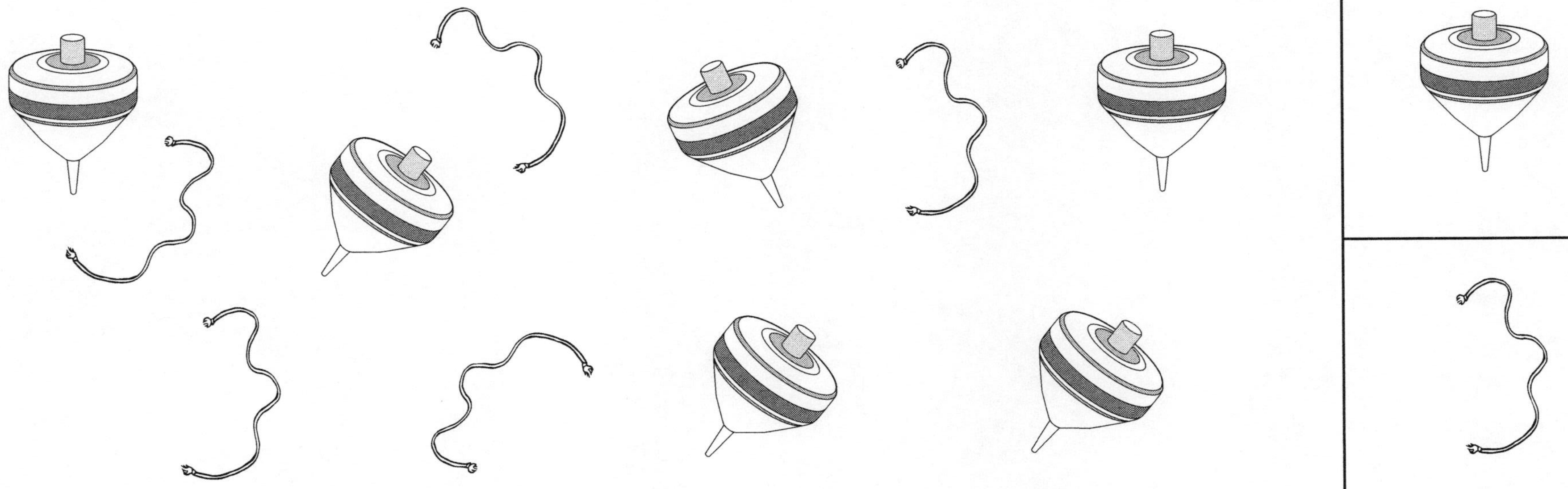

問題１８

①

②

③

④

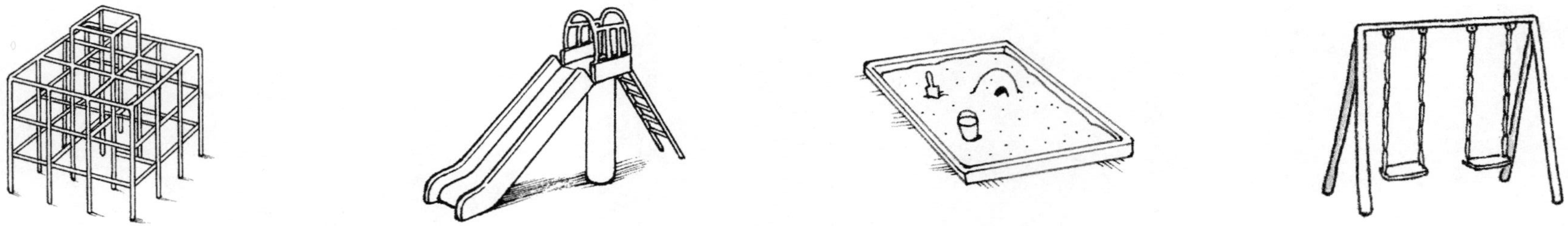

問題19

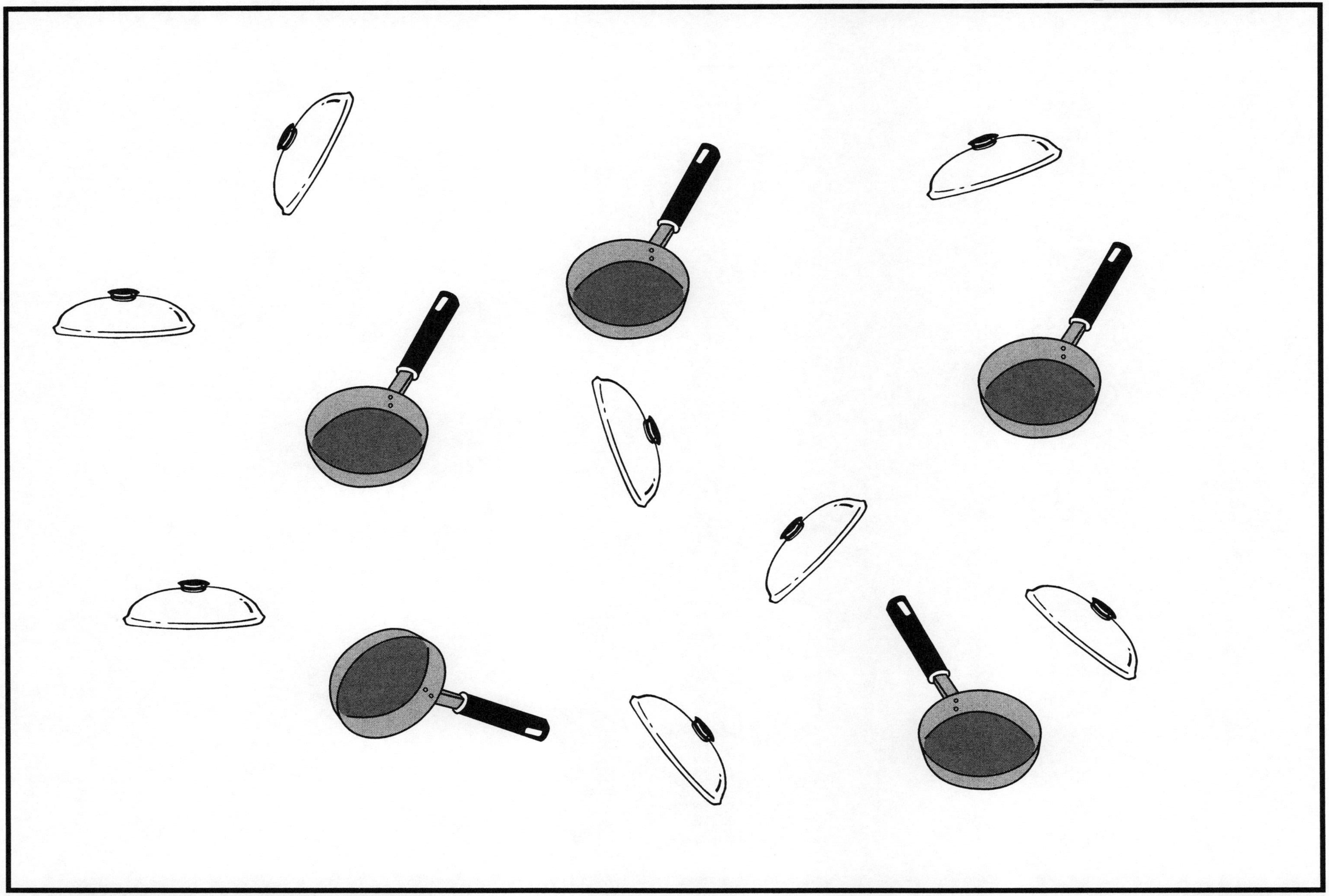

問題２０

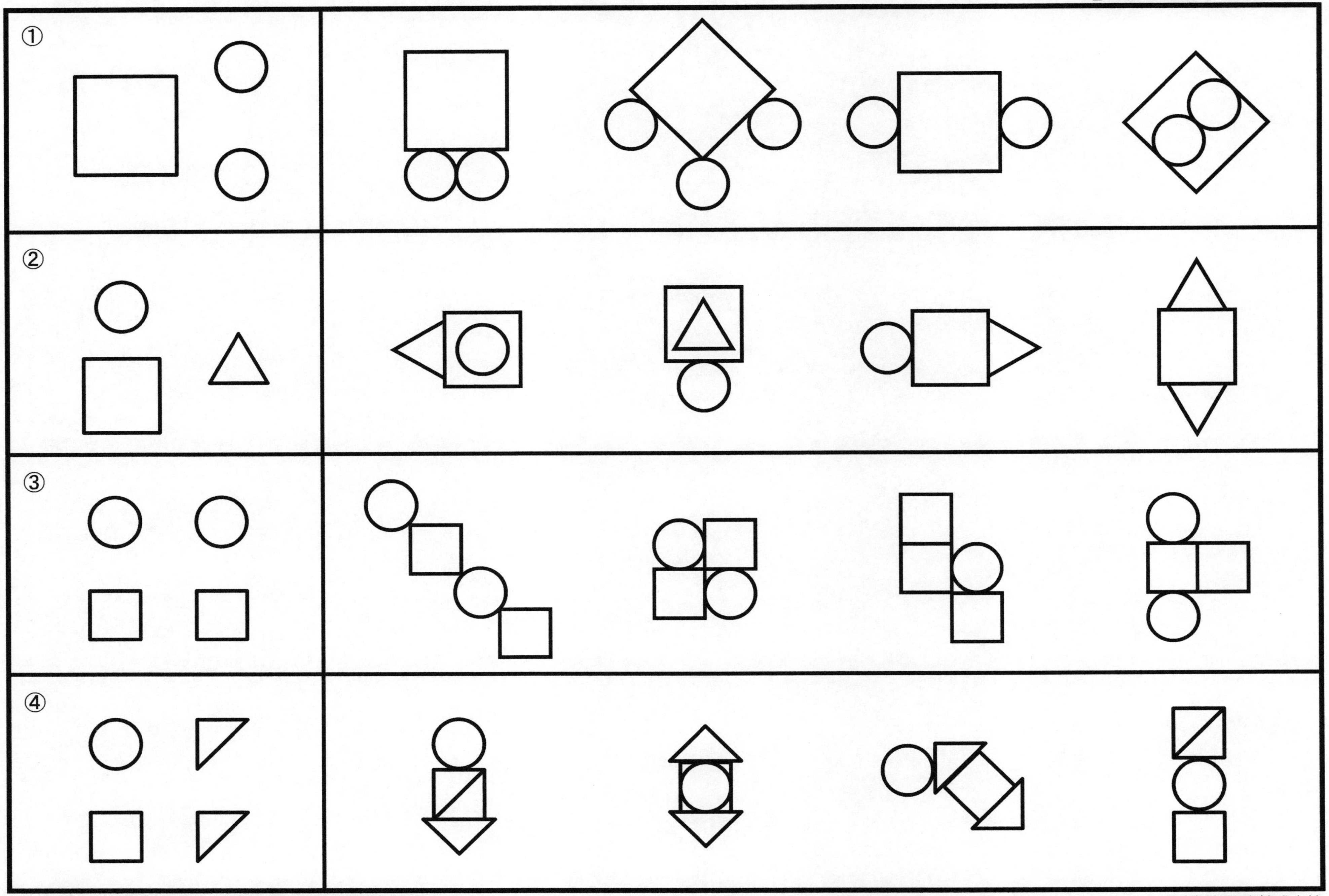

問題２１

①

②

③

問題22

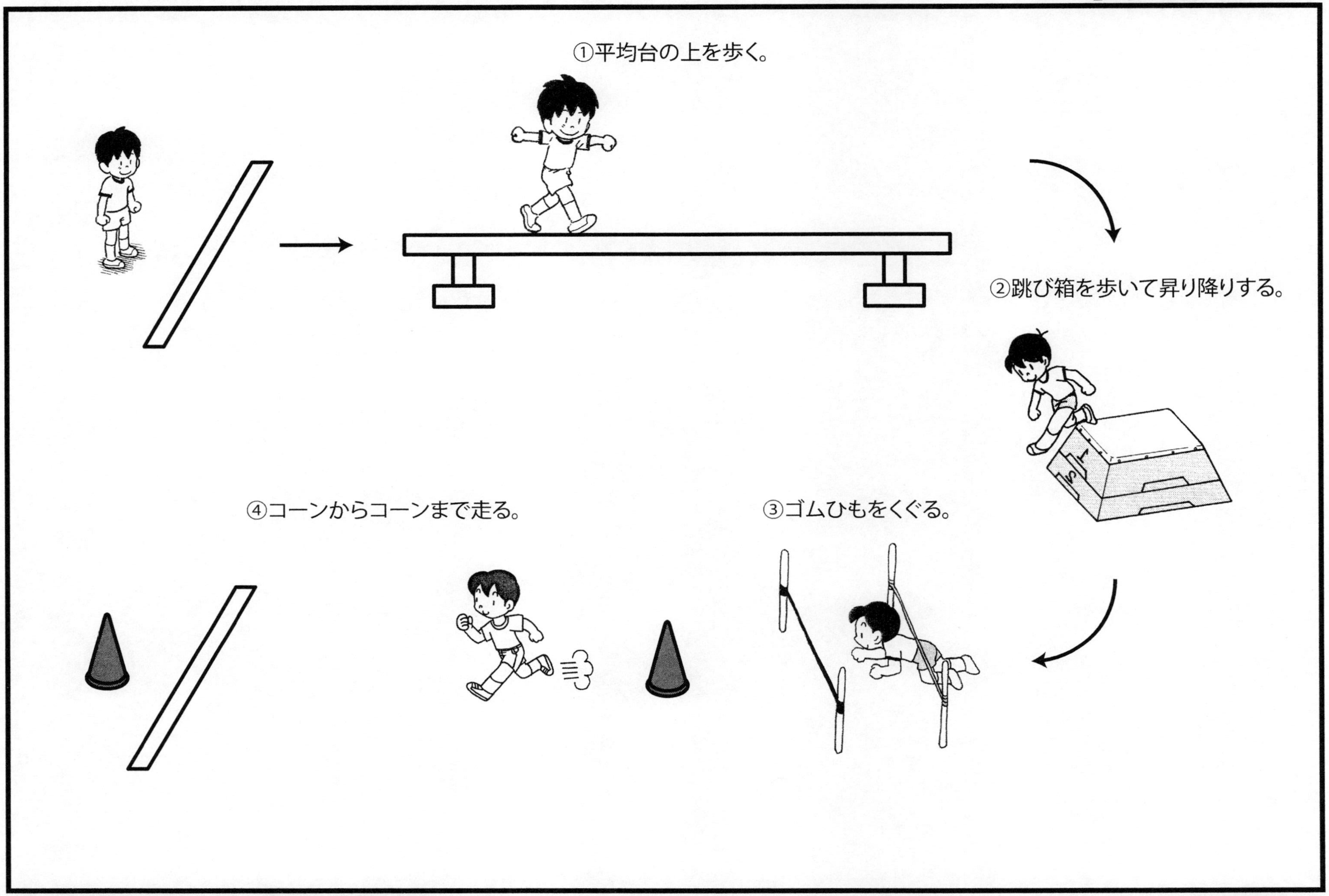
①平均台の上を歩く。
②跳び箱を歩いて昇り降りする。
③ゴムひもをくぐる。
④コーンからコーンまで走る。

問題24

①

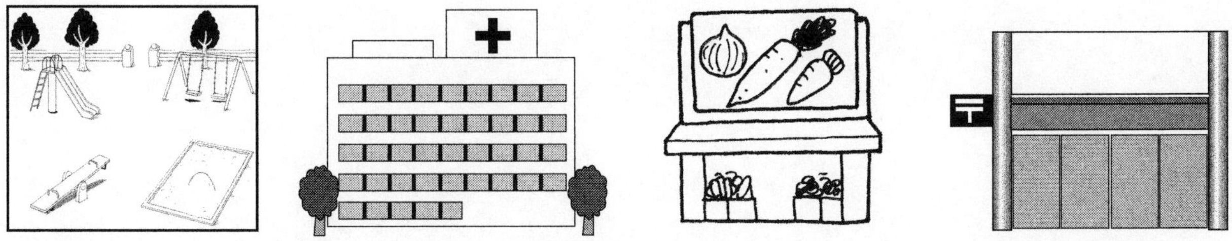

②

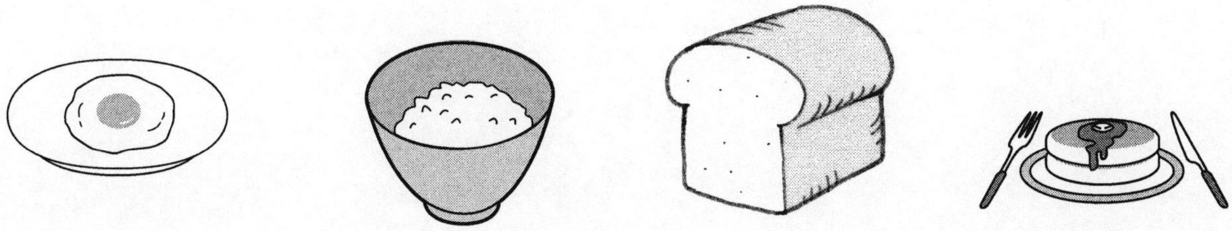

③

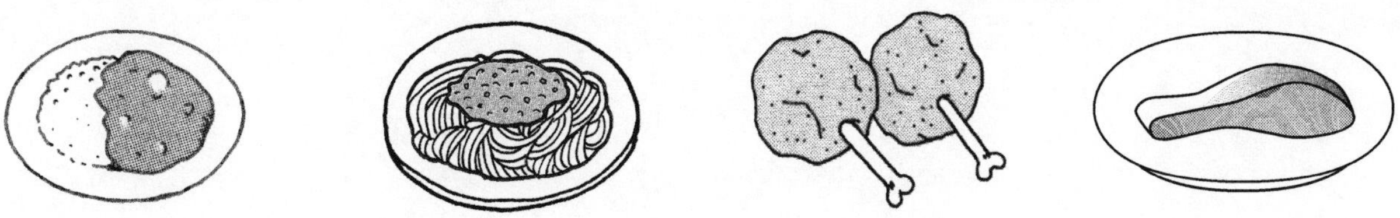

④

⑤

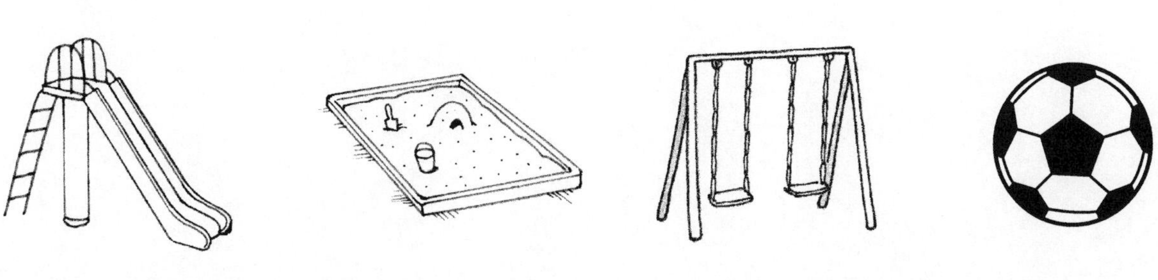

問題２５

①

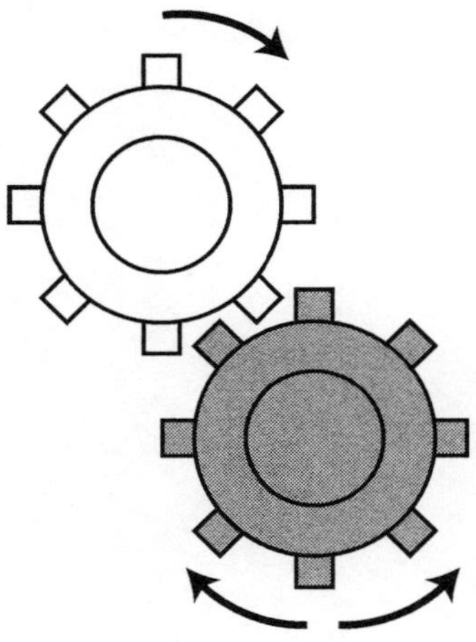

②

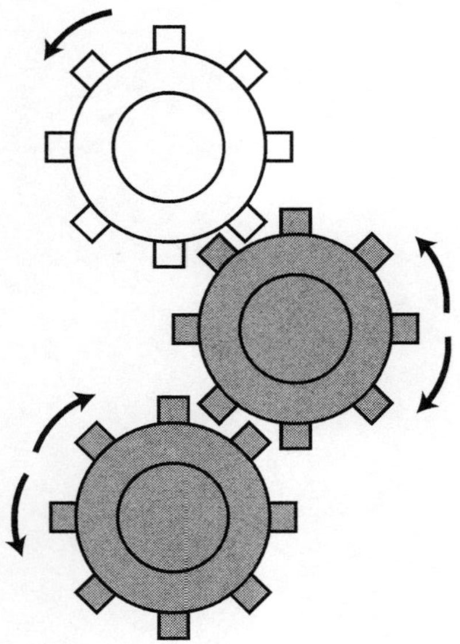

③

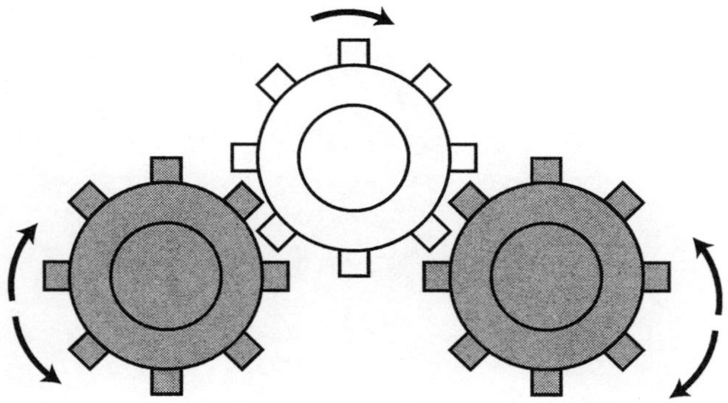

④

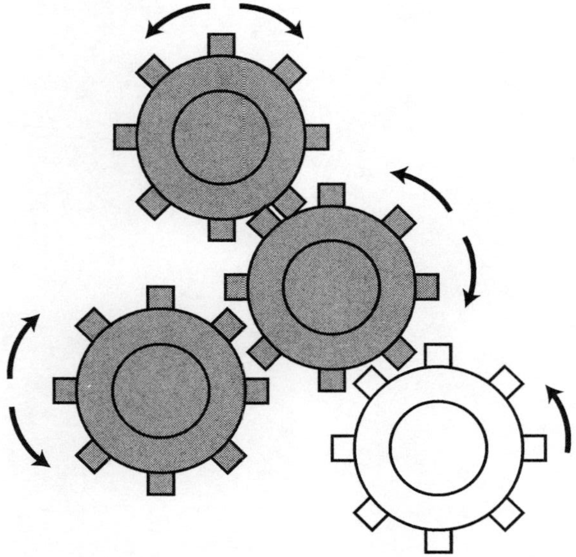

　

問題２６

日本学習図書株式会社

－ 24 －

2021年度 附属横浜小学校 過去 無断複製／転載を禁ずる

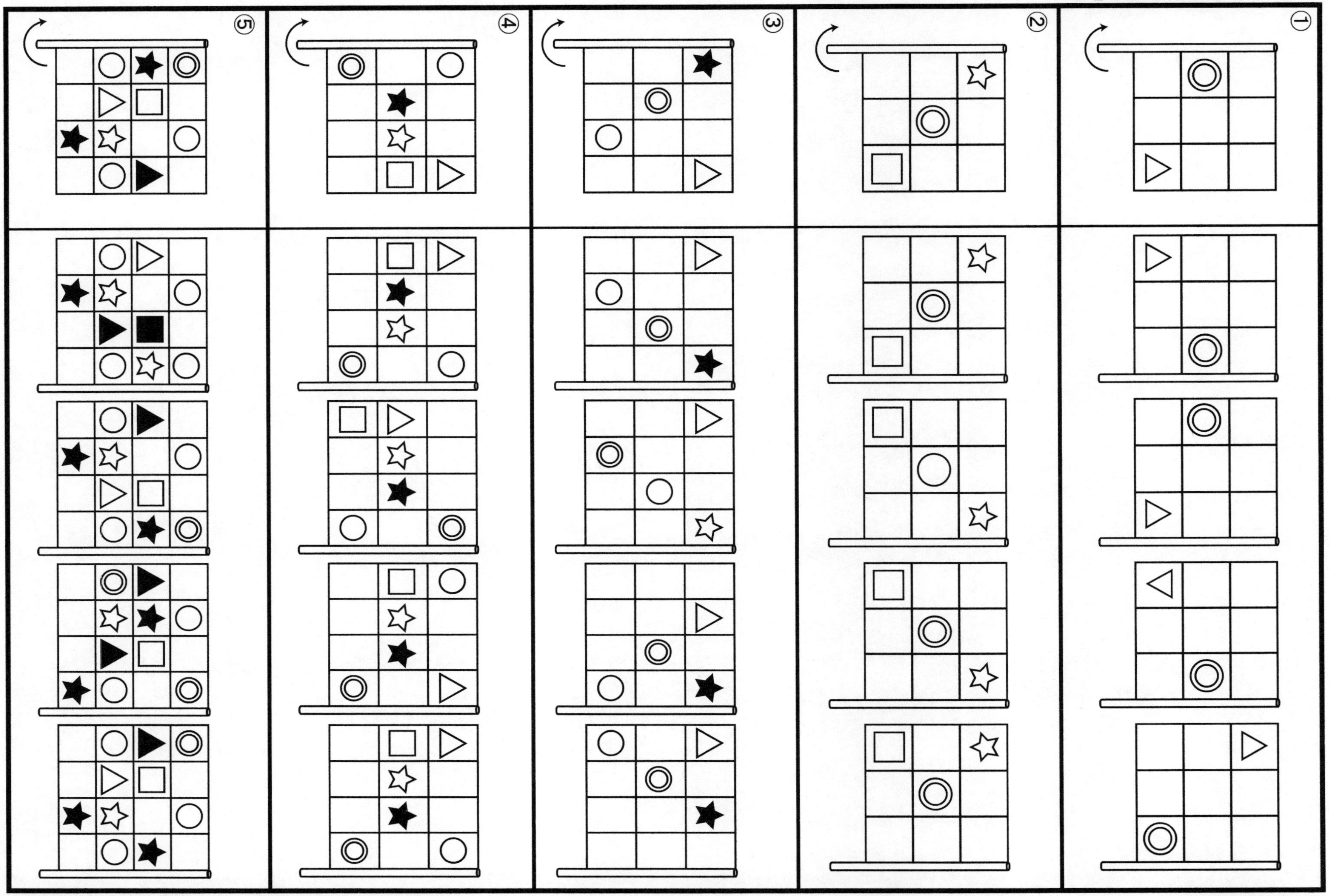

問題２７

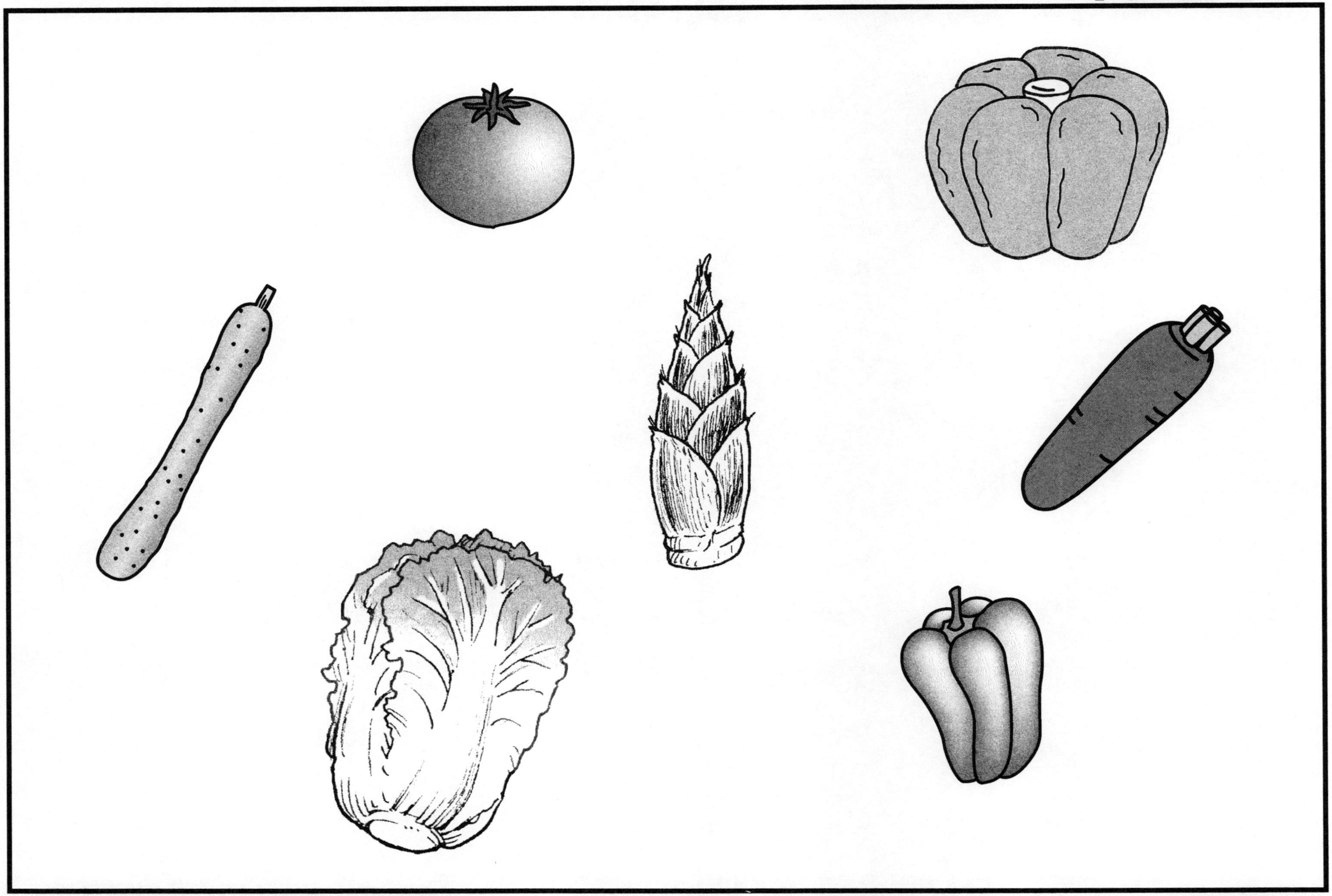

問題29

問題30

①

②

③

④

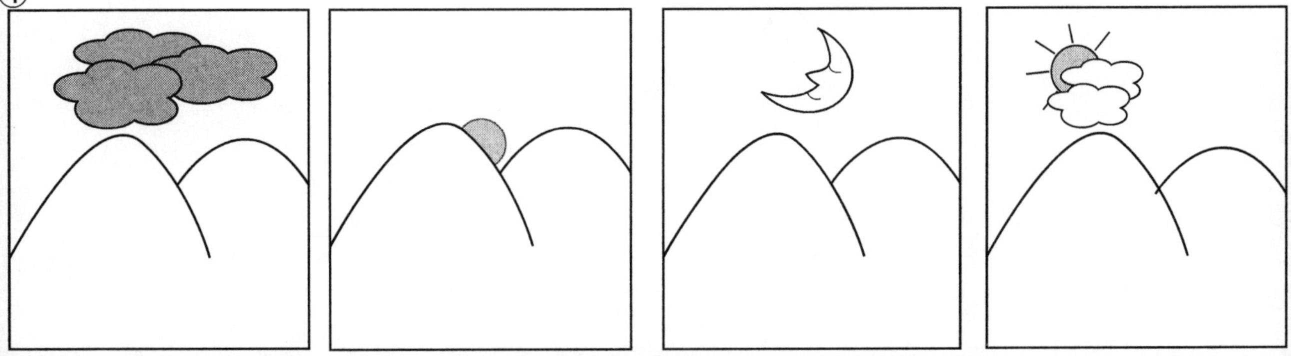

⑤

2021年度　附属横浜小学校　過去　無断複製／転載を禁ずる　　日本学習図書株式会社

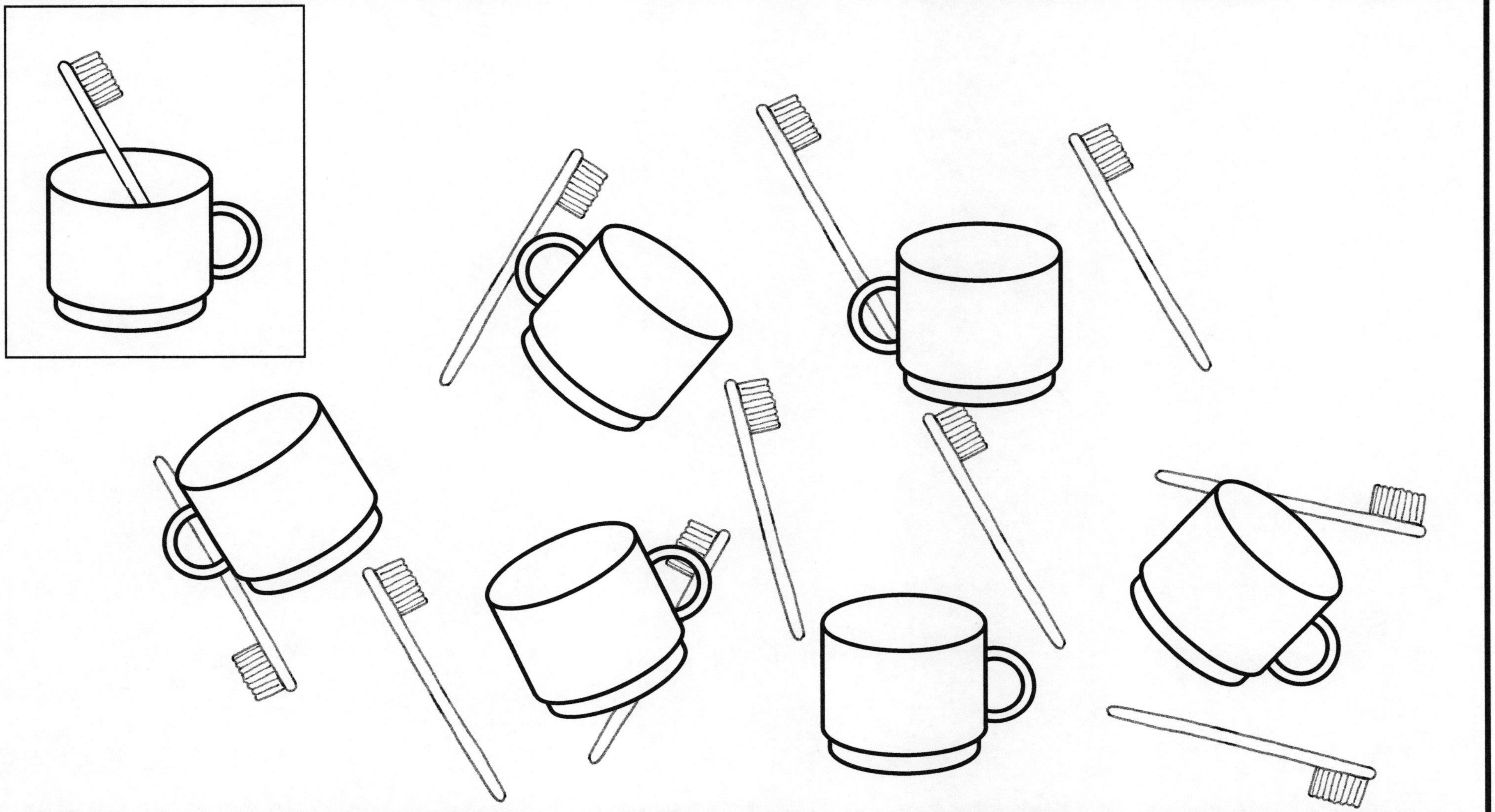

問題３２

問題３３

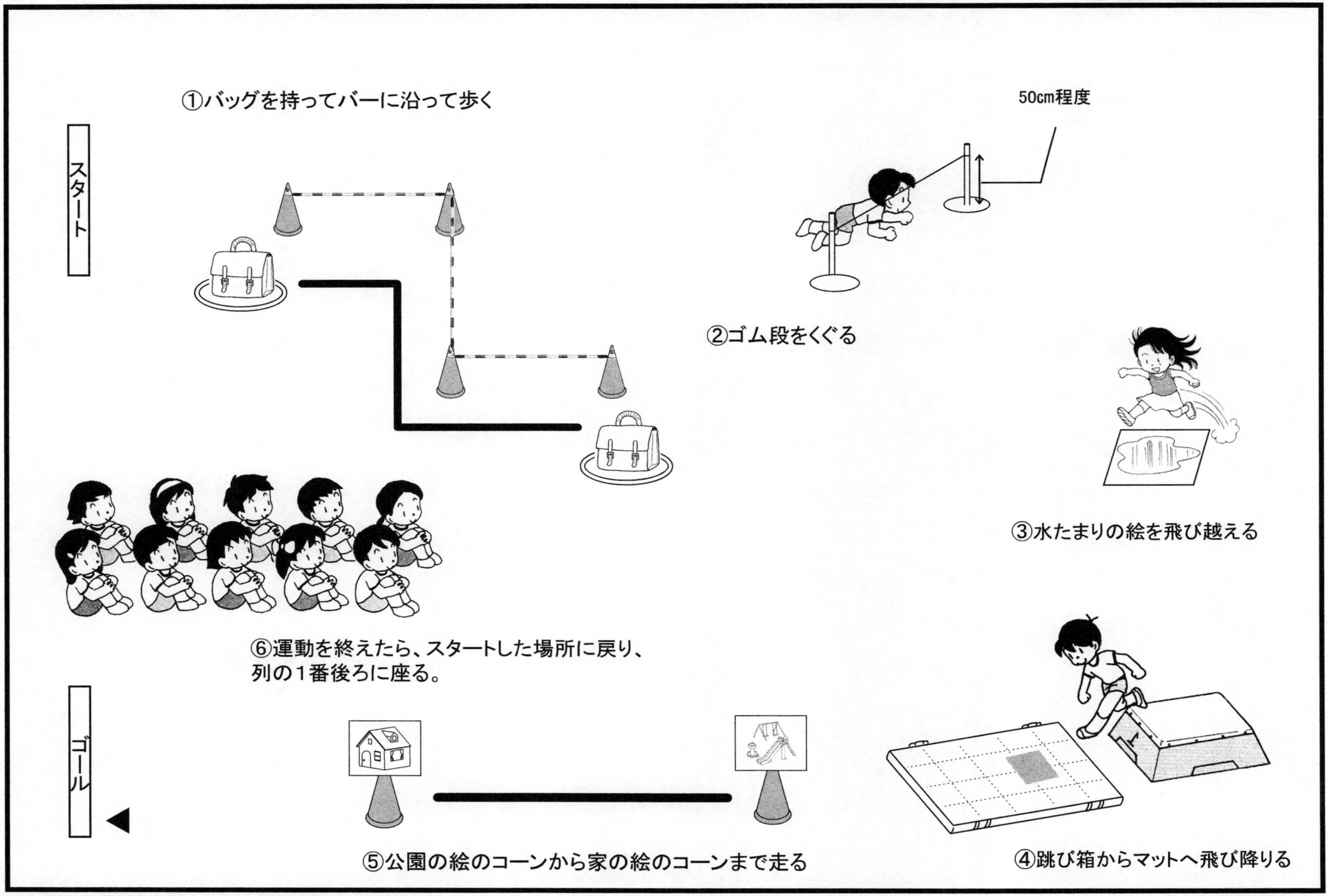

スタート
①バッグを持ってバーに沿って歩く
50cm程度
②ゴム段をくぐる
③水たまりの絵を飛び越える
④跳び箱からマットへ飛び降りる
⑤公園の絵のコーンから家の絵のコーンまで走る
⑥運動を終えたら、スタートした場所に戻り、
列の１番後ろに座る。
ゴール

問題34

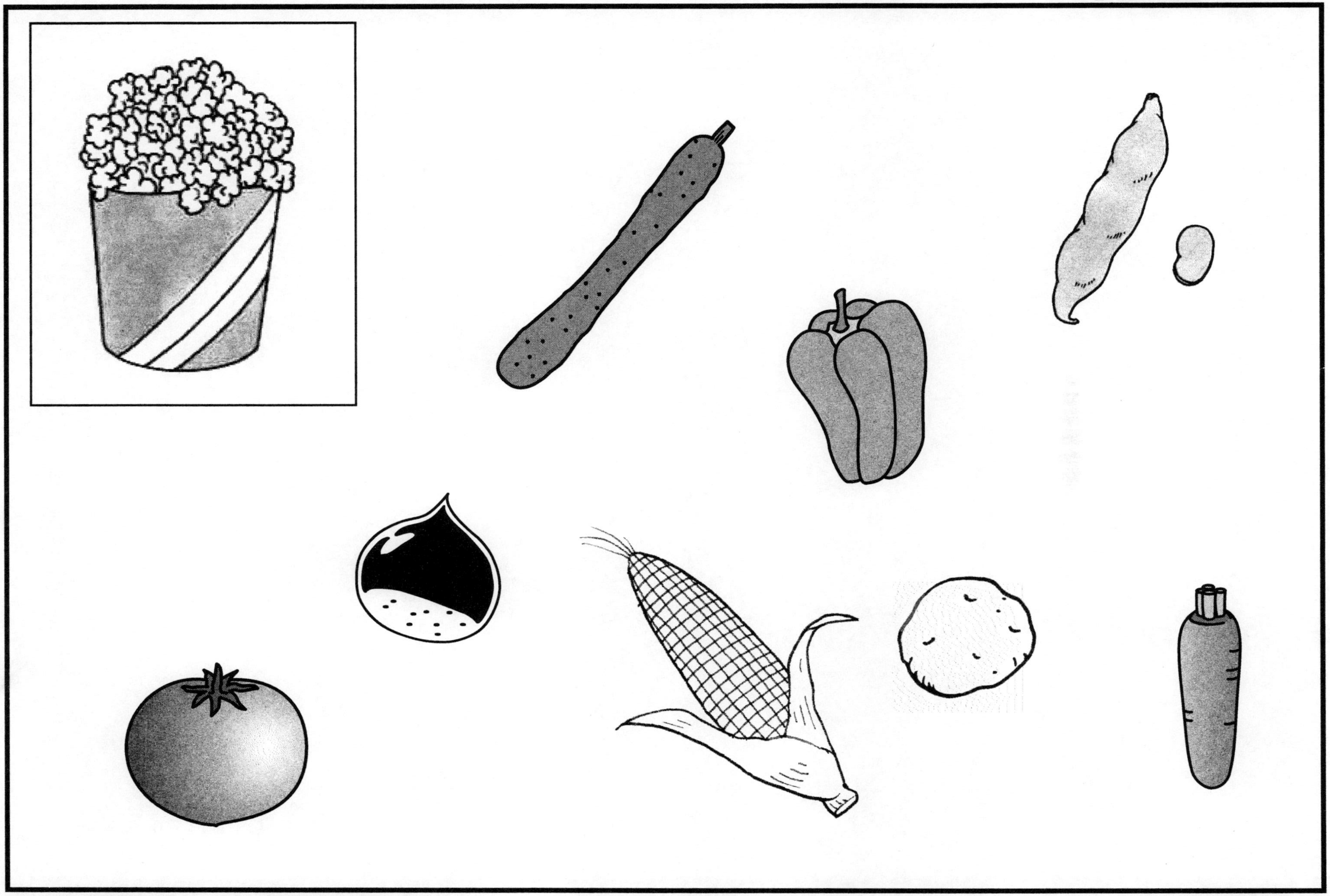

問題35

①

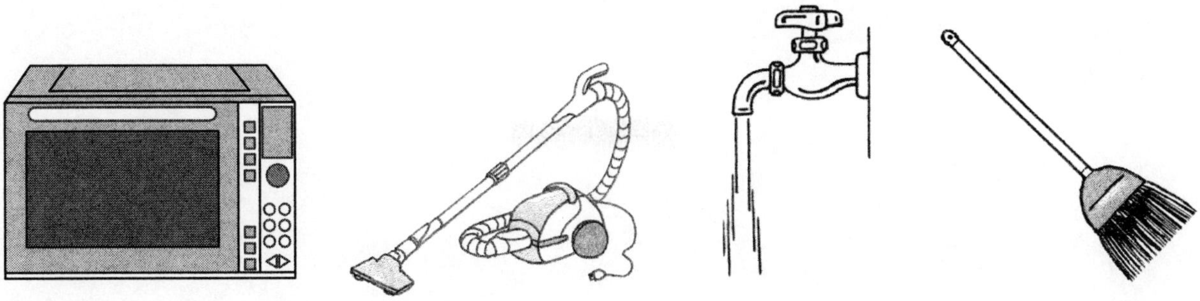

②

③

④

問題３６

問題３７

①

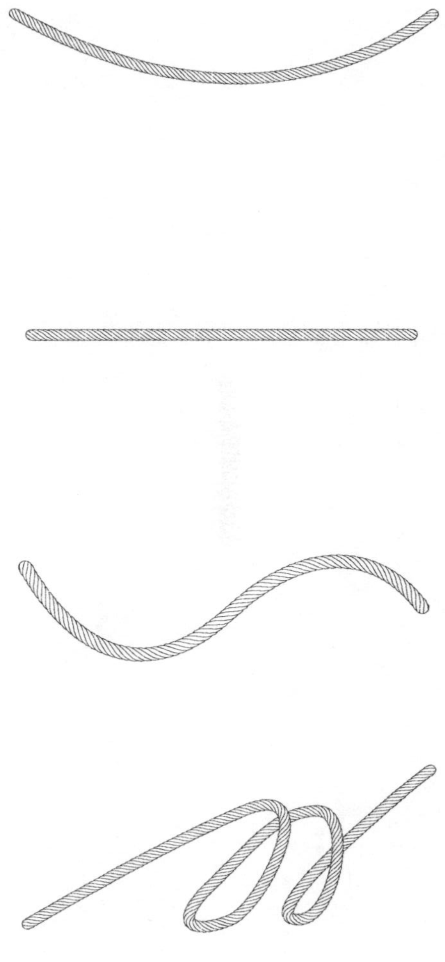

②

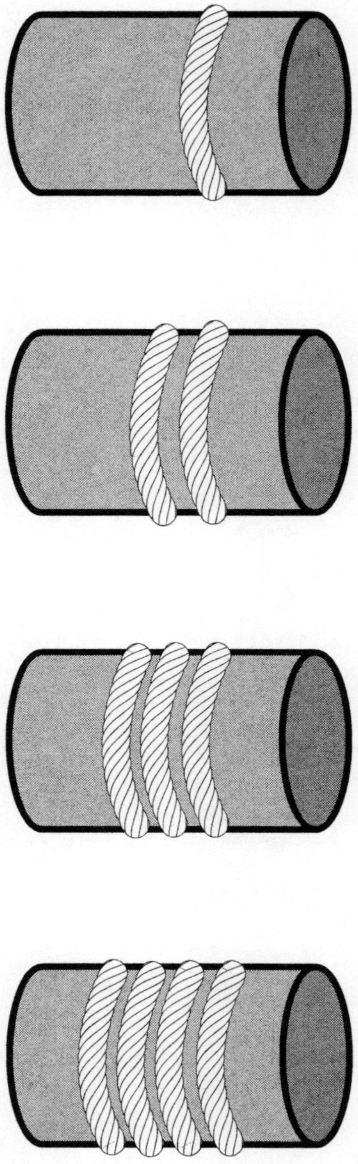

③

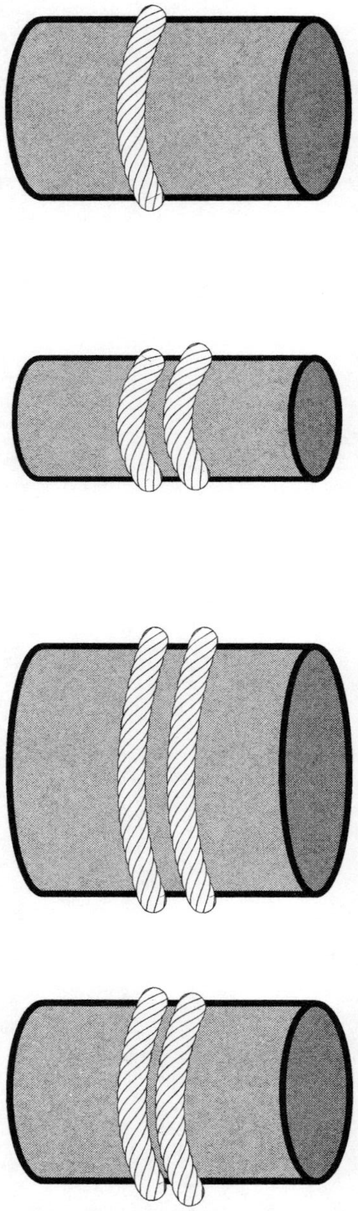

④

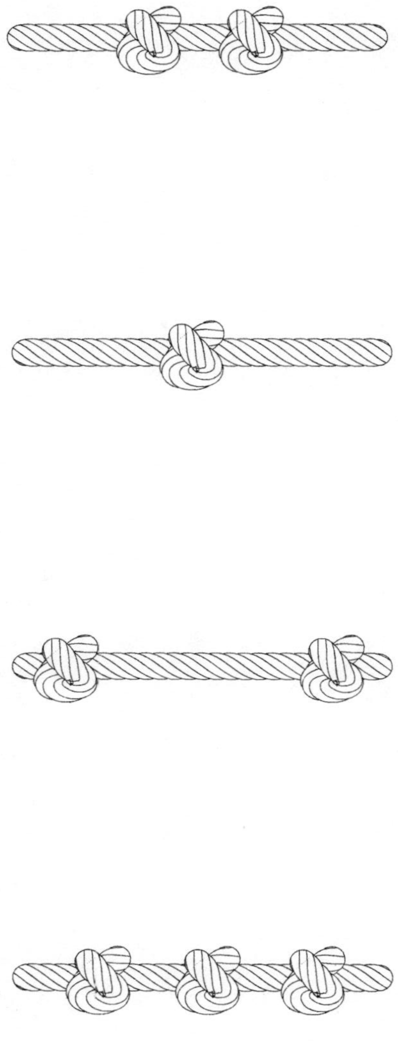

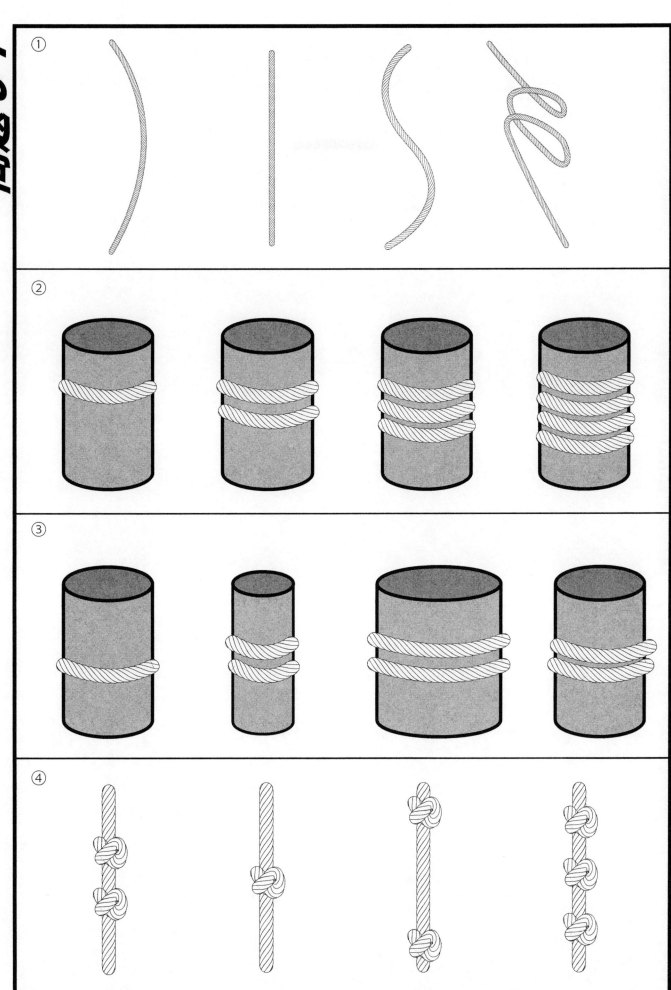

問題３８

①

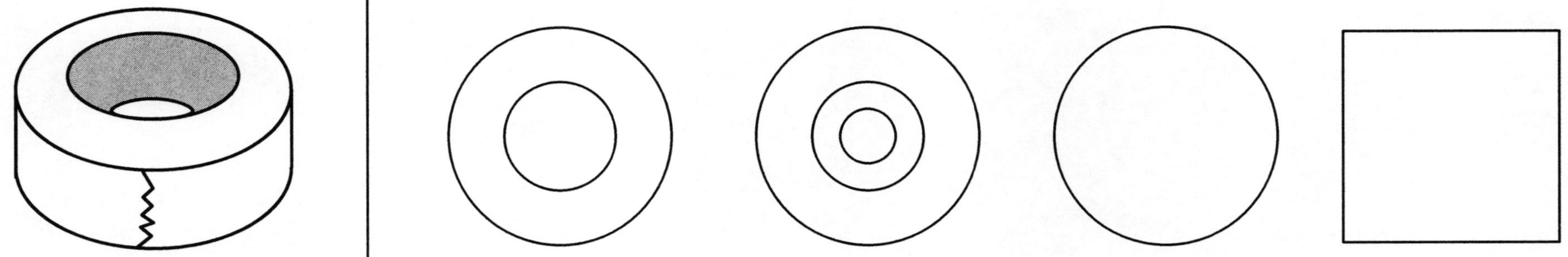

②

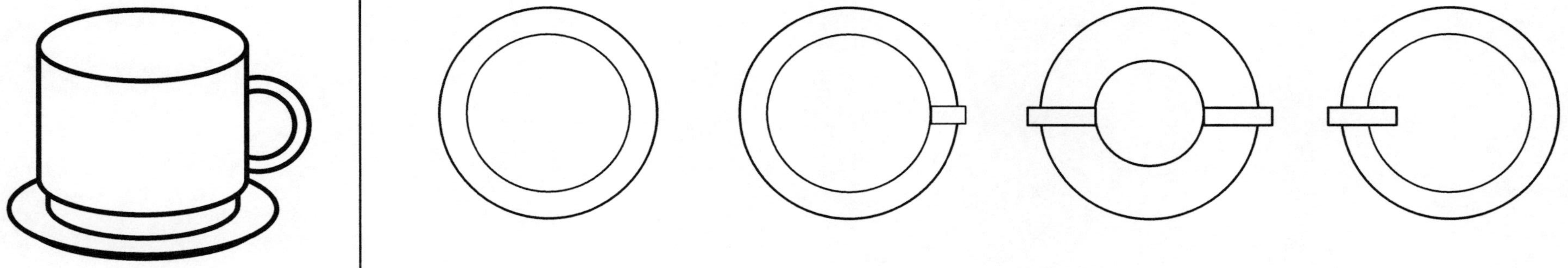

問題39

①

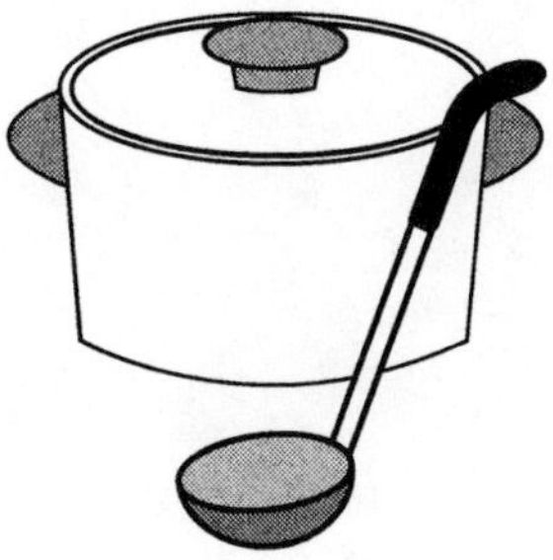
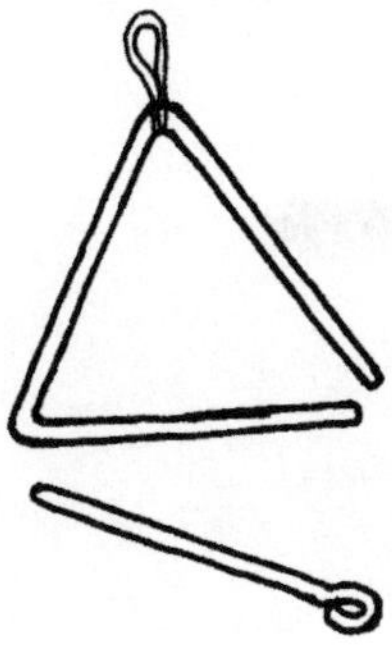
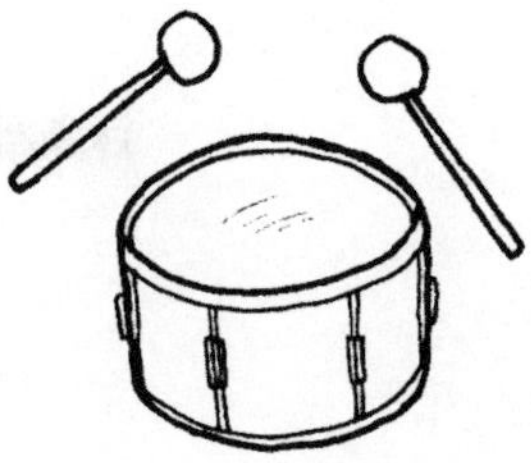
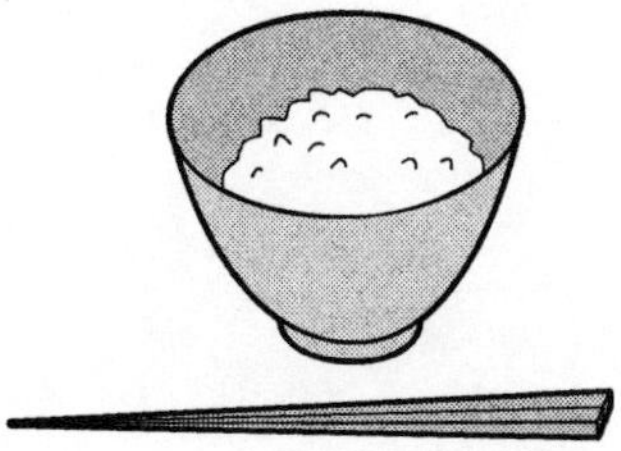

②

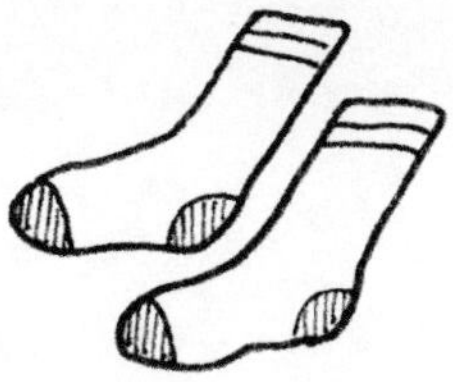
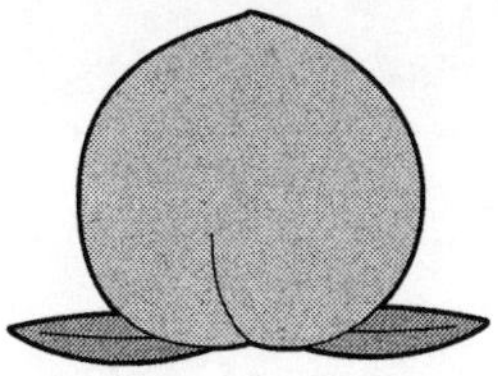
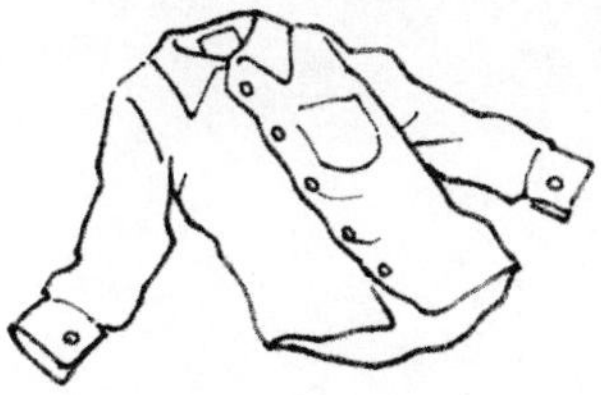
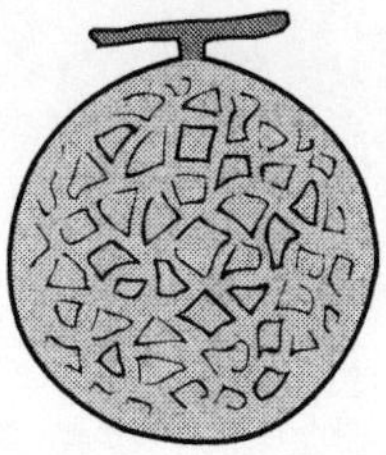

③

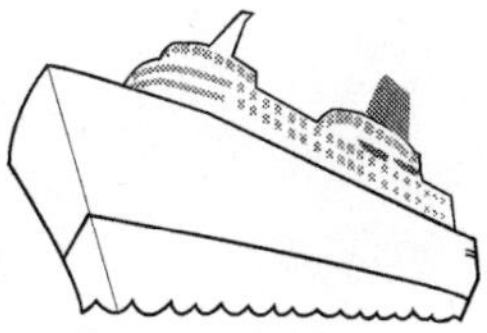
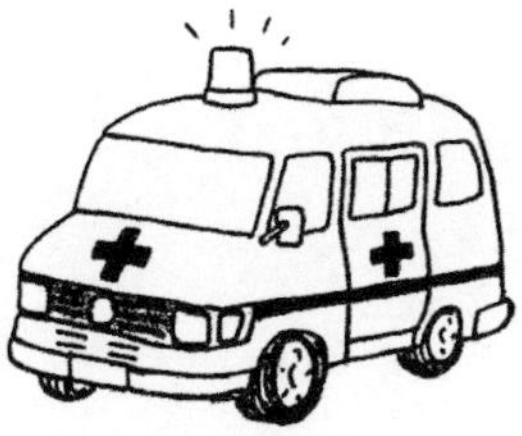
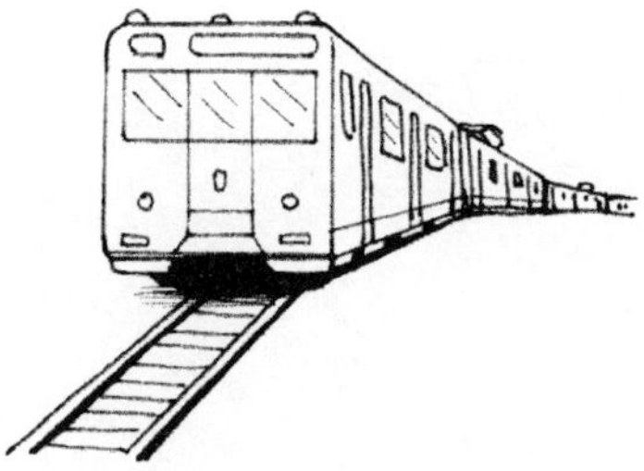
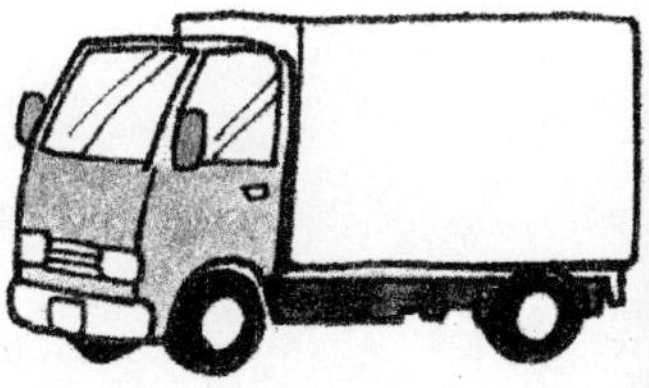

④

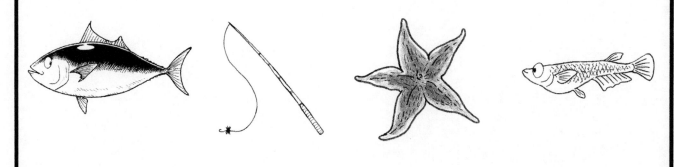

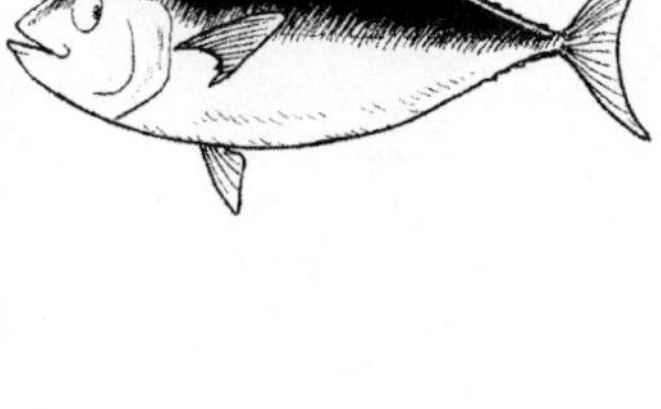
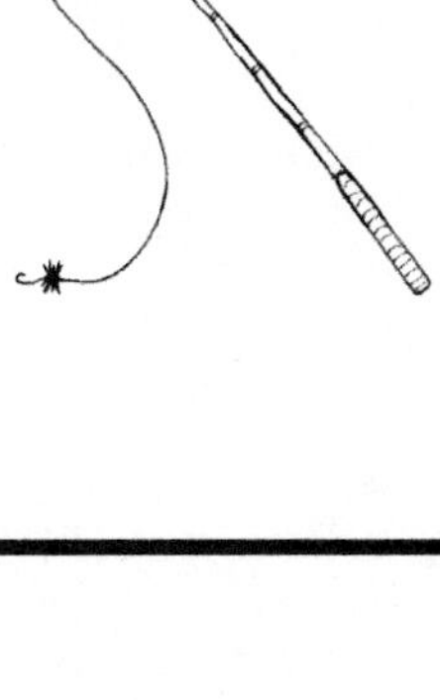
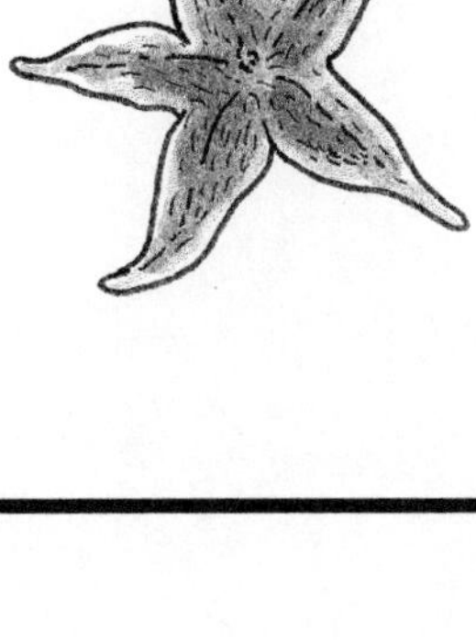
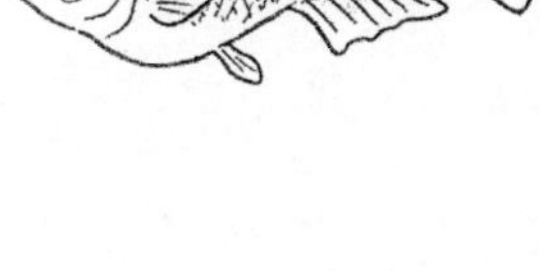

問題40－1

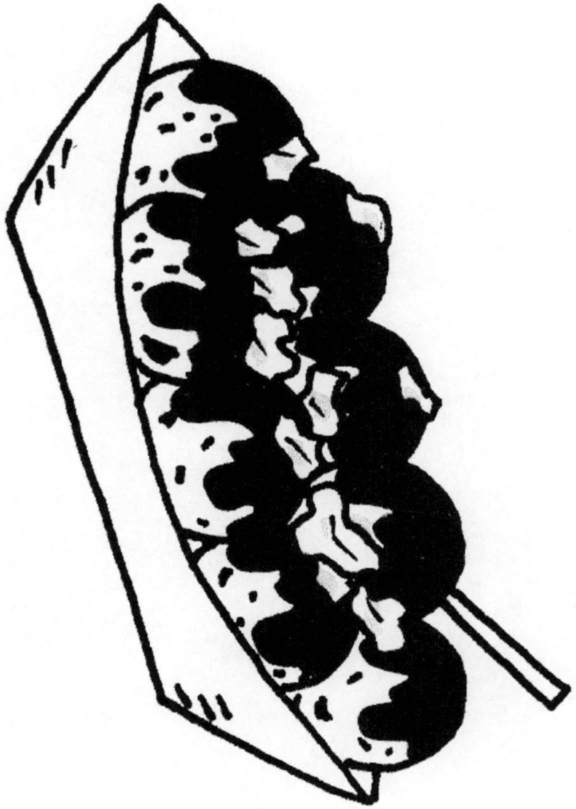

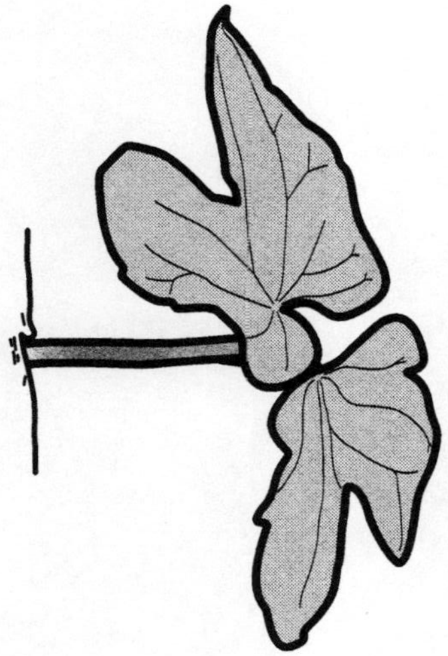

問題40－2

①

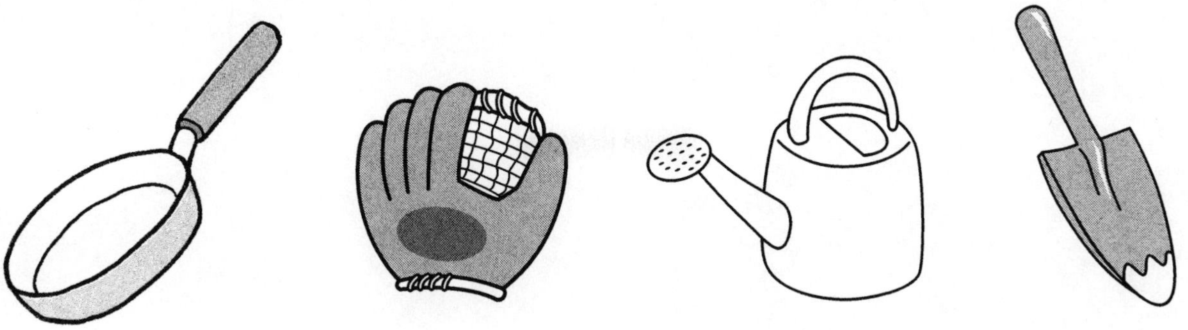

②

③

④

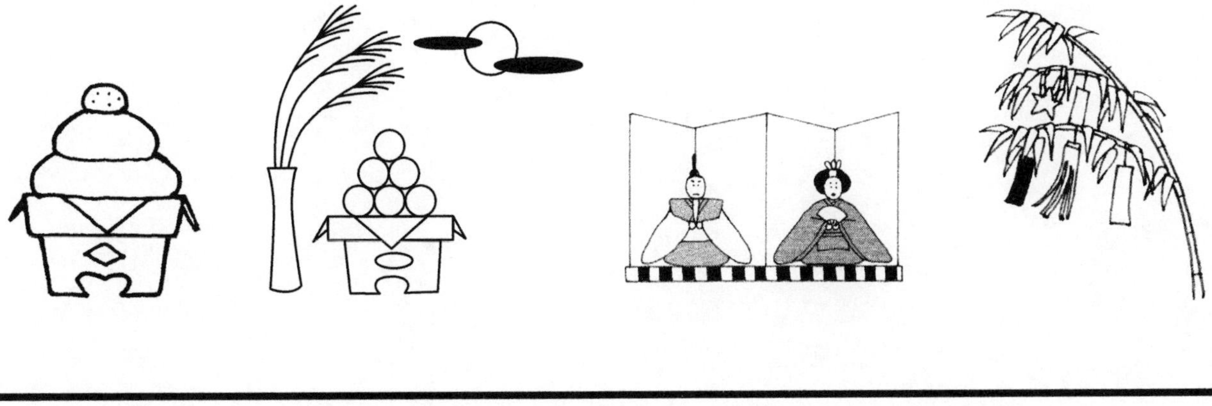

5-04

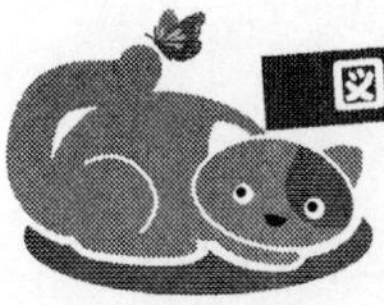

図書カード 1000 円分プレゼント

ご記入日 令和　　年　　月　　日

☆国・私立小学校受験アンケート☆

※可能な範囲でご記入下さい。選択肢は○で囲んで下さい。

〈小学校名〉＿＿＿＿＿＿＿＿＿＿ 〈お子さまの性別〉男・女 〈誕生月〉＿＿月

〈その他の受験校〉（複数回答可）＿＿＿＿＿＿＿＿＿＿＿＿＿＿＿＿

〈受験日〉①：＿＿月＿＿日〈時間〉＿＿時＿＿分　～　＿＿時＿＿分

②：＿＿月＿＿日〈時間〉＿＿時＿＿分　～　＿＿時＿＿分

〈受験者数〉男女計＿＿名（男子＿＿名　女子＿＿名）

〈お子さまの服装〉＿＿＿＿＿＿＿＿＿＿＿＿＿＿

〈入試全体の流れ〉（記入例）準備体操→行動観察→ペーパーテスト

＿＿＿＿＿＿＿＿＿＿＿＿＿＿＿＿＿＿＿＿

Eメールによる情報提供

日本学習図書では、Eメールでも入試情報を募集しております。

下記のアドレスに、アンケートの内容をご入力の上、メールをお送り下さい。

ojuken@nichigaku.jp

●行動観察　（例）好きなおもちゃで遊ぶ・グループで協力するゲームなど

〈実施日〉＿＿月＿＿日〈時間〉＿＿時＿＿分　～　＿＿時＿＿分 〈着替え〉□有　□無

〈出題方法〉□肉声　□録音　□その他（　　　　　）〈お手本〉□有　□無

〈試験形態〉□個別　□集団（　　　人程度）

〈会場図〉

〈内容〉

□自由遊び

＿＿＿＿＿＿＿＿＿＿＿＿＿＿

□グループ活動

＿＿＿＿＿＿＿＿＿＿＿＿＿＿

□その他

＿＿＿＿＿＿＿＿＿＿＿＿＿＿

●運動テスト（有・無）　（例）跳び箱・チームでの競争など

〈実施日〉＿＿月＿＿日〈時間〉＿＿時＿＿分　～　＿＿時＿＿分 〈着替え〉□有　□無

〈出題方法〉□肉声　□録音　□その他（　　　　　）〈お手本〉□有　□無

〈試験形態〉□個別　□集団（　　　人程度）

〈会場図〉

〈内容〉

□サーキット運動

□走り　□跳び箱　□平均台　□ゴム跳び

□マット運動　□ボール運動　□なわ跳び

□クマ歩き

□グループ活動＿＿＿＿＿＿＿＿＿＿＿＿

□その他＿＿＿＿＿＿＿＿＿＿＿＿＿＿

●知能テスト・口頭試問

〈実施日〉＿＿月＿＿日 〈時間〉＿＿時＿＿分 ～ ＿＿時＿＿分 〈お手本〉□有 □無

〈出題方法〉 □肉声 □録音 □その他（　　　　　） 〈問題数〉＿＿枚＿＿問

分野	方法	内　容	詳　細・イ　ラ　ス　ト
(例) お話の記憶	☑筆記 □口頭	動物たちが待ち合わせをする話	(あらすじ) 動物たちが待ち合わせをした。最初にウサギさんが来た。次にイヌくんが、その次にネコさんが来た。最後にタヌキくんが来た。 (問題・イラスト) ３番目に来た動物は誰か 
お話の記憶	□筆記 □口頭		(あらすじ) (問題・イラスト)
図形	□筆記 □口頭		
言語	□筆記 □口頭		
常識	□筆記 □口頭		
数量	□筆記 □口頭		
推理	□筆記 □口頭		
その他	□筆記 □口頭		

●制作　（例）ぬり絵・お絵かき・工作遊びなど

〈実施日〉＿＿月＿＿日〈時間〉＿＿時＿＿分　～　＿＿時＿＿分

〈出題方法〉□肉声 □録音 □その他（　　　　　）〈お手本〉□有 □無

〈試験形態〉□個別 □集団（　　　　人程度）

材料・道具	制作内容
□ハサミ □のり（□つぼ □液体 □スティック） □セロハンテープ □鉛筆 □クレヨン（　色） □クーピーペン（　色） □サインペン（　色）□ □画用紙（□ A4 □ B4 □ A3 □その他：　　　　） □折り紙 □新聞紙 □粘土 □その他（　　　　　　）	□切る □貼る □塗る □ちぎる □結ぶ □描く □その他（　　　　　　） タイトル：＿＿＿＿＿＿＿＿＿＿

●面接

〈実施日〉＿＿月＿＿日〈時間〉＿＿時＿＿分　～　＿＿時＿＿分〈面接担当者〉＿＿名

〈試験形態〉□志願者のみ（　　）名 □保護者のみ □親子同時 □親子別々

〈質問内容〉

※試験会場の様子をご記入下さい。

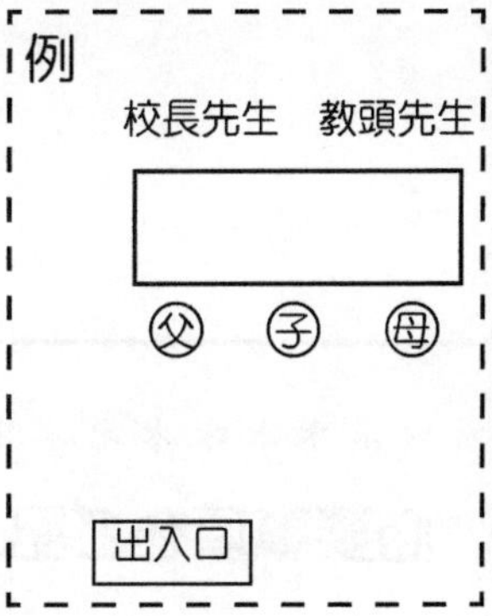

□志望動機　□お子さまの様子

□家庭の教育方針

□志望校についての知識・理解

□その他（　　　　　　　　　　　　）

（　詳　細　）

・

・

・

・

●保護者作文・アンケートの提出（有・無）

〈提出日〉□面接直前　□出願時　□志願者考査中　□その他（　　　　　　　）

〈下書き〉□有　□無

〈アンケート内容〉

（記入例）当校を志望した理由はなんですか（150 字）

●**説明会**（□有　□無）〈開催日〉＿＿月＿＿日〈時間〉＿＿時＿＿分～＿＿時＿＿分

〈上履き〉　□要　□不要　〈願書配布〉　□有　□無　〈校舎見学〉　□有　□無

〈ご感想〉

●**参加された学校行事**（複数回答可）

公開授業〈開催日〉＿＿月＿＿日〈時間〉＿＿時＿＿分～＿＿時＿＿分

運動会など〈開催日〉＿＿月＿＿日〈時間〉＿＿時＿＿分～＿＿時＿＿分

学習発表会・音楽会など〈開催日〉＿＿月＿＿日〈時間〉＿＿時＿＿分～＿＿時＿＿分

〈ご感想〉

※是非参加したほうがよいと感じた行事について

●**受験を終えてのご感想、今後受験される方へのアドバイス**

※対策学習（重点的に学習しておいた方がよい分野）、当日準備しておいたほうがよい物など

＊＊＊＊＊＊＊＊＊＊＊＊　ご記入ありがとうございました　＊＊＊＊＊＊＊＊＊＊＊＊

必要事項をご記入の上、ポストにご投函ください。

なお、本アンケートの送付期限は入試終了後３ヶ月とさせていただきます。また、入試に関する情報の記入量が当社の基準に満たない場合、謝礼の送付ができないことがございます。あらかじめご了承ください。

ご住所：〒＿＿＿＿＿＿＿＿＿＿＿＿＿＿＿＿

お名前：＿＿＿＿＿＿＿＿　メール：＿＿＿＿＿＿＿＿

ＴＥＬ：＿＿＿＿＿＿＿＿　ＦＡＸ：＿＿＿＿＿＿＿＿

分野別 小学入試練習帳 ジュニアウォッチャー

1．点・線図形	小学校入試で出題頻度の高い『点・線図形』の模写を、難易度の低いものから段階別に幅広く練習することができるように構成。
2．座標	図形の位置模写という作業を、難易度の低いものから段階別に練習できるように構成。
3．パズル	様々なパズルの問題を難易度の低いものから段階別に練習できるように構成。
4．同図形探し	小学校入試で出題頻度の高い、同図形選びの問題を繰り返し練習できるように構成。
5．回転・展開	図形などを回転、または展開したとき、形がどのように変化するかを学習し、理解を深められるように構成。
6．系列	数、図形などの様々な系列問題を、難易度の低いものから段階別に練習できるように構成。
7．迷路	迷路の問題を繰り返し練習できるように構成。
8．対称	対称に関する問題を４つのテーマに分類し、各テーマごとに問題を段階別に練習できるように構成。
9．合成	図形の合成に関する問題を、難易度の低いものから段階別に練習できるように構成。
10．四方からの観察	もの（立体）を様々な角度から見て、どのように見えるかを推理する問題を段階別に整理し、１つの形式で複数の問題を練習できるように構成。
11．いろいろな仲間	ものや動物、植物の共通点を見つけ、分類していく問題を中心に構成。
12．日常生活	日常生活における様々な問題を６つのテーマに分類し、各テーマごとに一つの問題形式で複数の問題を練習できるように構成。
13．時間の流れ	『時間』に着目し、様々なものごとは、時間が経過するとどのように変化するのかということを学習し、理解できるように構成。
14．数える	様々なものを『数える』ことから、数の多少の判定やかけ算、わり算の基礎までを練習できるように構成。
15．比較	比較に関する問題を５つのテーマ（数、高さ、長さ、量、重さ）に分類し、各テーマごとに問題を段階別に練習できるように構成。
16．積み木	数える対象を積み木に限定した問題集。
17．言葉の音遊び	言葉の音に関する問題を５つのテーマに分類し、各テーマごとに問題を段階別に練習できるように構成。
18．いろいろな言葉	表現力をより豊かにするいろいろな言葉として、擬態語や擬声語、同音異義語、反意語、数詞を取り上げた問題集。
19．お話の記憶	お話を聴いてその内容を記憶、理解し、設問に答える形式の問題集。
20．見る記憶・聴く記憶	「見て憶える」「聴いて憶える」という『記憶』分野に特化した問題集。
21．お話作り	いくつかの絵を元にしてお話を作る練習をして、想像力を養うことができるように構成。
22．想像画	描かれてある形や景色に好きな絵を描くことにより、想像力を養うことができるように構成。
23．切る・貼る・塗る	小学校入試で出題頻度の高い、はさみやのりなどを用いた巧緻性の問題を繰り返し練習できるように構成。
24・絵画	小学校入試で出題頻度の高い、お絵かきやぬり絵などクレヨンやクーピーペンを用いた巧緻性の問題を繰り返し練習できるように構成。
25．生活巧緻性	小学校入試で出題頻度の高い日常生活の様々な場面における巧緻性の問題集。
26．文字・数字	ひらがなの清音、濁音、拗音、拗長音、促音と１～20までの数字に焦点を絞り、練習できるように構成。
27．理科	小学校入試で出題頻度が高くなりつつある理科の問題を集めた問題集。
28．運動	出題頻度の高い運動問題を種目別に分けて構成。
29．行動観察	項目ごとに問題提起をし、「このような時はどうか、あるいはどう対処するのか」の観点から問いかける形式の問題集。
30．生活習慣	学校から家庭に提起された問題と思って、一問一問絵を見ながら話し合い、考える形式の問題集。

31．推理思考	数、量、言語、常識（含理科、一般）など、諸々のジャンルから問題を構成し、近年の小学校入試問題傾向に沿って構成。
32．ブラックボックス	箱や筒の中を通ると、どのようなお約束でどのように変化するかを推理・思考する問題集。
33．シーソー	重さの違うものをシーソーに乗せた時どちらに傾くのか、またどうすればシーソーは釣り合うのかを思考する基礎的な問題集。
34．季節	様々な行事や植物などを季節別に分類できるように知識をつける問題集。
35．重ね図形	小学校入試で頻繁に出題されている「図形を重ね合わせてできる形」についての問題を集めました。
36．同数発見	様々な物を数え「同じ数」を発見し、数の多少の判断や数の認識の基礎を学べるように構成した問題集。
37．選んで数える	数の学習の基本となる、いろいろなものの数を正しく数える学習を行う問題集。
38．たし算・ひき算１	数字を使わず、たし算とひき算の基礎を身につけるための問題集。
39．たし算・ひき算２	数字を使わず、たし算とひき算の基礎を身につけるための問題集。
40．数を分ける	数を等しく分ける問題です。等しく分けたときに余りが出るものもあります。
41．数の構成	ある数がどのような数で構成されているか学んでいきます。
42．一対多の対応	一対一の対応から、一対多の対応まで、かけ算の考え方の基礎学習を行います。
43．数のやりとり	あげたり、もらったり、数の変化をしっかりと学びます。
44．見えない数	指定された条件から数を導き出します。
45．図形分割	図形の分割に関する問題集。パズルや合成の分野にも通じる様々な問題を集めました。
46．回転図形	「回転図形」に関する問題集。やさしい問題から始め、いくつかの代表的なパターンから、段階を踏んで学習できるよう編集されています。
47．座標の移動	「マス目の指示通りに移動する問題」と「指示された数だけ移動する問題」を収録。
48．鏡図形	鏡で左右反転させた時の見え方を考えます。平面図形から立体図形、文字、絵まで。
49．しりとり	すべての学習の基礎となる「言葉」を学ぶこと、特に「語彙」を増やすことに重点をおき、さまざまなタイプの「しりとり」問題を集めました。
50．観覧車	観覧車やメリーゴーラウンドなどを舞台にした「回転系列」の問題集。「推理思考」分野の問題ですが、要素として「図形」や「数量」も含みます。
51．運筆①	鉛筆の持ち方を学び、点線なぞり、お手本を見ながらの模写で、線を引く練習をします。
52．運筆②	運筆①からさらに発展し、「欠所補完」や「迷路」などを楽しみながら、より複雑な鉛筆運びを習得することを目指します。
53．四方からの観察 積み木編	積み木を使用した「四方からの観察」に関する問題を練習できるように構成。
54．図形の構成	見本の図形がどのような部分によって形づくられているかを考えます。
55．理科②	理科的知識に関する問題を集中して練習する「常識」分野の問題集。
56．マナーとルール	道路や駅、公共の場でのマナー、安全や衛生に関する常識を学べるように構成。
57．置き換え	さまざまな具体的・抽象的事象を記号で表す「置き換え」の問題を扱います。
58．比較②	長さ・高さ・体積・数などを数学的な知識を使わず、論理的に推測する「比較」の問題を練習できるように構成。
59．欠所補完	線と線のつながり、欠けた絵に当てはまるものなどを求める「欠所補完」に取り組める問題集です。
60．言葉の音（おん）	しりとり、決まった順番の音をつなげるなど、「言葉の音」に関する問題に取り組める練習問題集です。

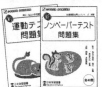

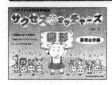

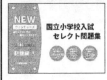

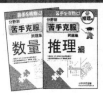

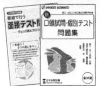

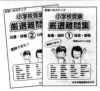

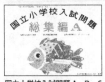

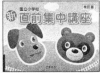

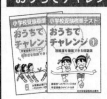

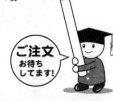

『読み聞かせ』×『質問』＝『聞く力』

お話の記憶の練習に最適

1話5分の 読み聞かせお話集①②

「アラビアン・ナイト」「アンデルセン童話」「イソップ寓話」「グリム童話」、日本や各国の民話、昔話、偉人伝の中から、教育的な物語や、過去に小学校入試でも出題された有名なお話を中心に掲載。お話ごとに、内容に関連したお子さまへの質問も掲載しています。「読み聞かせ」を通して、お子さまの『聞く力』を伸ばすことを目指します。　①巻・②巻　各48話

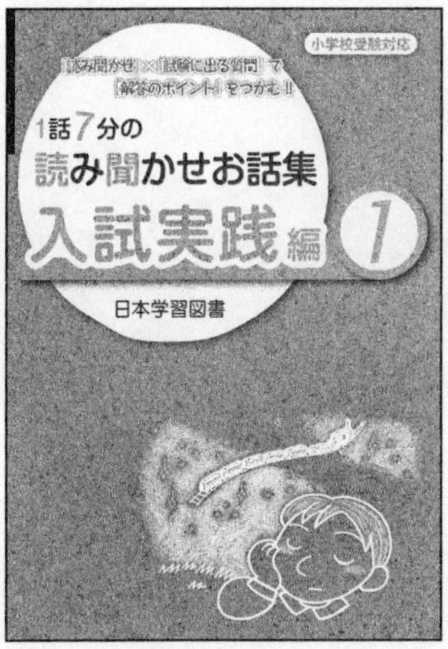

国立・私立小学校受験対応

1話7分の読み聞かせお話集 入試実践編①

最長1,700文字の長文のお話を掲載。有名でない＝「聞いたことのない」お話を聞くことで、『集中力』のアップを目指します。設問も、実際の試験を意識した設問としています。ペーパーテスト実施校の多くが「お話の記憶」の問題を出題します。毎日の「読み聞かせ」と「試験に出る質問」で、「解答のポイント」をつかんで臨みましょう！　50話収録

ニチガクの この5冊で受験準備も万全！

小学校受験入門 願書の書き方から面接まで リニューアル版

主要私立・国立小学校の願書・面接内容を中心に、学校選びや入試の分野傾向、服装コーディネート、持ち物リストなども網羅し、受験準備全体をサポートします。

小学校受験で 知っておくべき 125のこと

小学校受験の基本から怪しい「ウワサ」まで、保護者の方々からの 125 の質問にていねいに解答。目からウロコのお受験本。

新　小学校受験の 入試面接Q＆A リニューアル版

過去十数年に遡り、面接での質問内容を網羅。小学校別、父親・母親・志願者別、さらに学校のこと・志望動機・お子さまについてなど分野ごとに模範解答例やアドバイスを掲載。

新　願書・アンケート 文例集 500 リニューアル版

有名私立小、難関国立小の願書やアンケートに記入するための適切な文例を、質問の項目別に収録。合格を掴むためのヒントが満載！願書を書く前に、ぜひ一度お読みください。

小学校受験に関する 保護者の悩みQ＆A

保護者の方約 1,000 人に、学習・生活・躾に関する悩みや問題を取材。その中から厳選した 200 例以上の悩みに、「ふだんの生活」と「入試直前」のアドバイス２本立てで悩みを解決。

日本学習図書株式会社

家庭学習を
トータルサポート！ニチガクのオリジナル 効果的 学習法

1 まずは アドバイスページを読む！

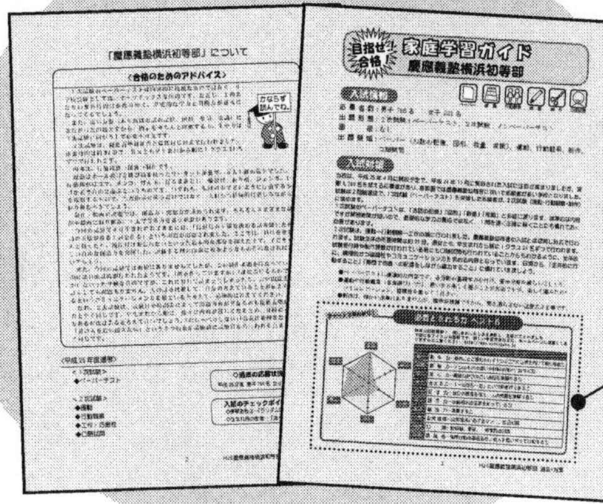

ピンク色です

対策や試験ポイントがぎっしりつまった「家庭学習ガイド」。分析内容やレーダーチャート、分野アイコンで、試験の傾向をおさえよう！

2 問題を全て読み、出題傾向を把握する

3 「学習のポイント」で学校側の観点や問題の解説を熟読

4 初めて過去問題にチャレンジ！

5 プラスα 対策問題集や類題で力を付ける

過去問のこだわり

各問題に求められる「力」

分野だけでなく、各問題の求められる「力」をアイコンで表記！アドバイスページの分析レーダーチャートで力のバランスも把握できる！

各問題のジャンル

問題1 分野：数量（計数） 集中 観察

〈準備〉 クレヨン

〈問題〉 ①虫がたくさんいます。それぞれの虫は何匹いますか。下のそれぞれの絵の右側に、その数だけ緑色のクレヨンで○を書いてください。
②果物が並んでいます。それぞれの果物はいくつありますか。下のそれぞれの絵の右側に、その数だけ赤色のクレヨンで○を書いてください。

出題年度

〈時間〉 1分

〈解答〉 ①アメンボ…5、カブトムシ…8、カマキリ…11、コオロギ…9
②ブドウ…6、イチゴ…10、バナナ…8、リンゴ…5

[2018年度出題]

学習のポイント

①は男子、②は女子で出題されました。1次試験のペーパーテストは、全体的にオーソドックスな内容で、特別に難易度が高い問題ではありません。しかし、解答時間が短く、解き終わらない受験者も多かったようです。本問のような計数問題では、特に根気よく、数え落としがないように進めなければなりません。そのためにも、例えば、左上の虫から右に見ていく、もしくは縦に見ていく、というように、ルールを決めて数えていくこと、また、○や×、△などの印を虫ごとに付けていくことで、数え落としのミスを減らせます。時間は短いため焦りがつきものですが、落ち着いて取り組めるよう、少しずつ練習していきましょう。

【おすすめ問題集】
Ｊｒ・ウォッチャー14「数える」、37「選んで数える」

学習のポイント

各問題の解説や学校の観点、指導のポイントなどを教えます。
保護者の方が今日から家庭学習の先生に！

おすすめ対策問題集

分野ごとに対策問題集をご紹介。苦手分野の克服に最適です！
＊専用注文書付き。

2021年度版 横浜国立大学教育学部附属
横浜小学校 過去問題集

発行日 2020年5月27日
発行所 〒162-0821 東京都新宿区津久戸町 3-11-9F
日本学習図書株式会社
電 話 03-5261-8951 ㈹

ISBN978-4-7761-5307-8

C6037 ¥2000E

9784776153078

定価 本体2,000円＋税

1926037020004

詳細は http://www.nichigaku.jp 日本学習図書 検索